마가복음 2

[개정판]

지금까지 나온 옥한흠 다락방 시리즈

1. 새가족모임 교재
2. 창세기
3. 출애굽기
4. 마가복음 1
5. 마가복음 2
6. 에베소서
7. 야고보서
8. 다윗
9. 사도행전 1
10. 사도행전 2
11. 시편 1
12. 시편 2
13. 로마서 1
14. 로마서 2
15. 로마서 3
16. 데살로니가전후서
17. 욥기
18. 요한복음 1
19. 요한복음 2
20. 요한복음 3
21. 빌립보서
22. 산상수훈

新 옥한흠 다락방 시리즈 5

마가복음 2

초판 1쇄 발행 1993년 1월 30일
개정판 1쇄 발행 2009년 3월 25일
개정판 15쇄(46쇄) 발행 2025년 9월 12일

지은이 옥한흠

펴낸이 박주성
펴낸곳 국제제자훈련원
등록번호 제2013-000170호(2013년 9월 25일)
주소 서울시 서초구 효령로68길 98(서초동)
전화 02)3489-4300 **팩스** 02)3489-4329
이메일 dmipress@sarang.org

ISBN 978-89-5731-373-2 03230

국제제자훈련원은 건강한 교회를 꿈꾸는 목회의 동반자로서 제자 삼는 사역을 중심으로
성경적 목회 모델을 제시함으로 세계 교회를 섬기는 전문 사역 기관입니다.

新 옥한흠 다락방 시리즈 5

마가복음 2

[개정판]

옥한흠 지음

국제제자훈련원

이 교재 사용에 대하여

제자훈련의 열매는 훈련된 평신도 지도자들이 사역하는 소그룹(구역, 다락방, 셀, 목장)이라 할 수 있다. 소그룹이란 성도간에 아름다운 사랑의 교제를 나누며, 말씀 안에서 영적으로 성숙해가도록 서로 돕고, 믿지 않는 사람들을 초청하여 복음을 나누는 소그룹 단위의 공동체다. 소그룹은 하나님의 말씀에 기초한다. 그러므로 각자의 삶을 드러낼 수 있도록 돕고 변화되어야 할 삶의 목표를 분명하게 제시할 수 있는 좋은 교재가 마련되면 효과적인 소그룹을 운영하는 데 큰 도움을 얻는다. 그러나 분주한 목회자의 입장에서는 직접 교재를 만든다는 것이 그리 쉬운 일이 아니다. 이런 어려움을 해결할 수 있도록 돕기 위해 마련된 것이 "옥한흠 다락방 시리즈"이다.

본 시리즈를 사용하는 데 있어 다음 몇 가지를 참고해 주기 바란다.

1. 이 교재는 소그룹에서 귀납적인 방법으로 성경을 공부하기 위해 만든 것이다. 즉 성경의 가르침을 일방적으로 주입하는 대신 충분한 토의를 통해 구성원들의 생각을 먼저 정리하고 그것을 성경의 가르침과 비교하도록 구성되었다. 결코 해답 베껴 쓰기 식의 공부가 되지 않도록 해야 한다. 서툴더라도 자기 인식과 활발한 토의 참여에 의한 생생한 결론이 나올 수 있도록 해야 한다. 따라서 지도자는 소그룹 환경에서 귀납적 방법으로 성경을 공부하는 것이 무엇인지를 반드시 먼저 배워야 한다.
2. 이 교재는 교역자가 매주 소그룹 지도자들을 먼저 예습시킨 다음 사용하게 해야 바람직한 효과를 기대할 수 있다. 소그룹 지도자는 공부할 내용을 충분히 이해해야 한다.
3. 소그룹에 참석하는 자들은 반드시 예습을 하도록 권장해야 한다.
4. 한 과를 공부하는 데에는 한 시간 이상이 필요하다. 그러므로 각 문제에 따라 답만 찾아보고 넘어가야 할 것과 충분한 토의를 통해 진지하게 적용할 것을 잘 구별해서 진행하는 것이 중요하다.

차례

Lesson 29

영광스런 모습을 보이시다

마가복음 9:1-13

1 또 그들에게 이르시되 내가 진실로 너희에게 이르노니 여기 서 있는 사람 중에는
죽기 전에 하나님의 나라가 권능으로 임하는 것을 볼 자들도 있느니라 하시니라 2 엿
새 후에 예수께서 베드로와 야고보와 요한을 데리시고 따로 높은 산에 올라가셨더
니 그들 앞에서 변형되사 3 그 옷이 광채가 나며 세상에서 빨래하는 자가 그렇게 희
게 할 수 없을 만큼 매우 희어졌더라 4 이에 엘리야가 모세와 함께 그들에게 나타나
예수와 더불어 말하거늘 5 베드로가 예수께 고하되 랍비여 우리가 여기 있는 것이
좋사오니 우리가 초막 셋을 짓되 하나는 주를 위하여, 하나는 모세를 위하여, 하나는
엘리야를 위하여 하사이다 하니 6 이는 그들이 몹시 무서워하므로 그가 무슨 말을
할지 알지 못함이더라 7 마침 구름이 와서 그들을 덮으며 구름 속에서 소리가 나되
이는 내 사랑하는 아들이니 너희는 그의 말을 들으라 하는지라 8 문득 둘러보니 아
무도 보이지 아니하고 오직 예수와 자기들뿐이었더라 9 그들이 산에서 내려올 때에
예수께서 경고하시되 인자가 죽은 자 가운데서 살아날 때까지는 본 것을 아무에게
도 이르지 말라 하시니 10 그들이 이 말씀을 마음에 두며 서로 문의하되 죽은 자 가
운데서 살아나는 것이 무엇일까 하고 11 이에 예수께 묻자와 이르되 어찌하여 서기
관들이 엘리야가 먼저 와야 하리라 하나이까 12 이르시되 엘리야가 과연 먼저 와서
모든 것을 회복하거니와 어찌 인자에 대하여 기록하기를 많은 고난을 받고 멸시를

당하리라 하였느냐 13 그러나 내가 너희에게 이르노니 엘리야가 왔으되 기록된 바와
같이 사람들이 함부로 대우하였느니라 하시니라

마음의 문을 열며

사랑하는 세 제자를 데리고 산에 오르신 예수님은 자신이 장차 다스릴 하나님 나라와 그 영광이 얼마나 찬란한 것인가를 보여 주셨다. 이 사건은 예수님이 무리를 피해 제자들과 함께 한적한 곳으로 자리를 옮기셨을 당시에 있었던 것으로, 그 장소는 가이사랴 빌립보 지방에 있는 헐몬 산이었던 것 같다. 예수님은 왜 이 시간 갑자기 제자들에게 자신의 영광스런 모습을 나타내셨을까?

말씀의 씨를 뿌리며

1 예수님은 제자들에게 무엇을 예언하셨는가? 그리고 그 예언이 어떻게 실현되었는가?(1-4절)

2 예수님은 하나님의 나라를 보여 주시겠다고 약속하셨다. 그런데 왜 자신의 영광스러운 모습을 보여 주셨을까? 영광의 자리에 앉으실 주님과 하나님 나라 사이에는 어떤 관계가 있는지 말해 보라(참고 / 눅 22:29-30).

3 그때 자리를 같이 했던 모세와 엘리야에 대해 아는 것을 말해 보라. 특히 두 사람의 특징은 무엇인지 찾아보라(참고 / 왕하 2:1, 11; 신 34:6; 유 9절).

4 베드로는 엉겁결에 무슨 말을 했는가? 그리고 왜 베드로가 그런 말을 했다고 생각하는가?(5-6절)

5 베드로의 말을 통해 우리가 알 수 있는 사실이 하나 있다. 하나님의 나라는 너무나 황홀하고 아름다워 다른 것들을 다 잊어버리게 된다는 것이다. 베드로의 말이 끝나자, 갑자기 무슨 일이 일어났으며 공중에서 어떤 음성이 들렸는가?(7-8절)

6 구름 속에서 들린 말씀은 대단히 중요하다. 변화 산의 신비한 체험에 집착하거나 모세와 엘리야의 말에 귀 기울이지 말고 오직 예수의 말씀만 들으라고 했기 때문이다. 이것이 왜 중요한가?

7 제자들에게 이런 신비스러운 체험이 나중에 큰 유익이 되었을 것은 두 말할 필요가 없다. 그 이유를 생각해 보라(9-10절, 참고 / 벧후 1:16-18).

8 하나님은 우리의 믿음이 흔들릴 위험이 있거나 매우 무거운 십자가를 져야 할 필요가 있으면 간혹 독특한 방법으로 우리의 믿음을 강하게 하고 용기를 주실 때가 있다. 그런 체험이 있으면 각자 말해 보라.

9 제자들이 예수님의 죽음과 부활에 대해 전혀 깨닫지 못한 이유는 무엇이라고 생각하는가? 그리고 당신에게는 이와 비슷한 문제가 없는지 반성해 보라.

10 제자들이 산에서 내려오면서 예수님께 질문한 내용은 무엇인가? 그리고 예수님은 이에 대해 무엇이라고 답하셨는가?(11-13절, 참고 / 마 17:11-13)

삶의 열매를 거두며

우리는 예수 그리스도를 홀대하고 핍박하는 세상 속에서 살고 있다. 따라서 우리 역시 세상으로부터 예수님과 같은 대접을 받을 수밖에 없다는 사실을 명심해야 한다. 각자 자신은 이 사실을 분명히 알고 있다고 말할 수 있는지 솔직하게 이야기해 보자.

Lesson **30**

믿는 자에게는 못할 일이 없다

마가복음 9:14-29

14 이에 그들이 제자들에게 와서 보니 큰 무리가 그들을 둘러싸고 서기관들이 그들
과 더불어 변론하고 있더라 15 온 무리가 곧 예수를 보고 매우 놀라며 달려와 문안하
거늘 16 예수께서 물으시되 너희가 무엇을 그들과 변론하느냐 17 무리 중의 하나가
대답하되 선생님 말 못하게 귀신 들린 내 아들을 선생님께 데려왔나이다 18 귀신이
어디서든지 그를 잡으면 거꾸러져 거품을 흘리며 이를 갈며 그리고 파리해지는지라
내가 선생님의 제자들에게 내쫓아 달라 하였으나 그들이 능히 하지 못하더이다
19 대답하여 이르시되 믿음이 없는 세대여 내가 얼마나 너희와 함께 있으며 얼마나
너희에게 참으리요 그를 내게로 데려오라 하시매 20 이에 데리고 오니 귀신이 예수
를 보고 곧 그 아이로 심히 경련을 일으키게 하는지라 그가 땅에 엎드러져 구르며 거
품을 흘리더라 21 예수께서 그 아버지에게 물으시되 언제부터 이렇게 되었느냐 하시
니 이르되 어릴 때부터니이다 22 귀신이 그를 죽이려고 불과 물에 자주 던졌나이다
그러나 무엇을 하실 수 있거든 우리를 불쌍히 여기사 도와 주옵소서 23 예수께서 이
르시되 할 수 있거든이 무슨 말이냐 믿는 자에게는 능히 하지 못할 일이 없느니라 하
시니 24 곧 그 아이의 아버지가 소리를 질러 이르되 내가 믿나이다 나의 믿음 없는
것을 도와 주소서 하더라 25 예수께서 무리가 달려와 모이는 것을 보시고 그 더러운
귀신을 꾸짖어 이르시되 말 못하고 못 듣는 귀신아 내가 네게 명하노니 그 아이에게

서 나오고 다시 들어가지 말라 하시매 26 귀신이 소리 지르며 아이로 심히 경련을 일
으키게 하고 나가니 그 아이가 죽은 것 같이 되어 많은 사람이 말하기를 죽었다 하나
27 예수께서 그 손을 잡아 일으키시니 이에 일어서니라 28 집에 들어가시매 제자들
이 조용히 묻자오되 우리는 어찌하여 능히 그 귀신을 쫓아내지 못하였나이까 29 이
르시되 기도 외에 다른 것으로는 이런 종류가 나갈 수 없느니라 하시니라

마음의 문을 열며

본문의 사건은 예수님이 갈릴리에서 마지막으로 병을 고치신 이적 기사에 대한 내용이다. 세 제자와 함께 하룻밤을 산에서 기도하고 내려오신 예수님은 남아 있던 제자들이 난처한 처지에 놓여 있는 것을 보셨다. 그들은 말 못하게 하는 귀신들린 아들을 고쳐달라고 간청하는 사람의 요구를 들어주지 못한 채 모인 사람들로부터 비난과 조롱을 받고 있었다. 그렇다면 그들은 왜 고치지 못했을까? 이에 예수님은 매우 중요한 진리 하나를 우리에게 교훈하고 계신다.

말씀의 씨를 뿌리며

1 예수님이 산에 계실 동안 나머지 제자들에게 무슨 일이 있었는가?(14-18절)

2 예수님이 그 자리에 계시지 않은 것을 알고도 제자들에게 아들을 고쳐 달라고 한 이유가 어디에 있었을까? 마가복음 6장 7, 13절을 가지고 설명해 보라(참고 / 눅 10:17).

3 제자들이 귀신을 쫓는 데 실패한 이유가 무엇인가? 예수님의 말씀에 근거해서 답해 보라(19, 23, 29절).

4 과거에는 할 수 있었던 일을 지금 못하는 것을 볼 때, 제자들의 믿음이 나약해지고 기도를 게을리했던 것이 틀림없다. 당신에게도 이와 비슷한 허점이 없는지 솔직하게 이야기해 보라. 과거 어느 한때에 받았던 은혜나 믿음만 생각하고 지금 마음을 놓고 있지는 않은가?

5 22-23절을 각자 쉬운 말로 정리해 보라. 왜 아이의 아버지 말에 예수님이 언짢은 반응을 보이셨을까?

6 '할 수 있거든' 의 믿음은 어떤 것인가? 이런 믿음이 갖는 약점은 무엇인지 아는 대로 말하고 당신이 경험한 사례가 있다면 나누어 보라(참고 / 약 1:6-8).

7 당신은 23절에서 말하고 있는 믿음을 가지고 있는가? 있다면 무엇으로 그 믿음을 증거할 수 있는가?

8 예수님은 아이를 어떻게 고쳐주셨는가?(25-27절)

9 망신을 당한 제자들이 나중에 예수님께 와서 무슨 말을 하였는가?(28-29절)

삶의 열매를 거두며

당신은 믿음과 기도의 관계를 어떻게 알고 있는가? 왜 믿는 자는 기도하고 기도하는 자는 믿는다는 공식이 성립된다고 할 수 있는가? 각자 믿음과 기도가 얼마나 일치하고 있는지 점검해 봄으로써 이 시간을 마무리하자(참고 / 약 5:15).

Lesson 31

죽음과 부활을 말씀하시다

마가복음 9:30-37

30 그 곳을 떠나 갈릴리 가운데로 지날새 예수께서 아무에게도 알리고자 아니하시니
31 이는 제자들을 가르치시며 또 인자가 사람들의 손에 넘겨져 죽임을 당하고 죽은
지 삼 일만에 살아나리라는 것을 말씀하셨기 때문이더라 32 그러나 제자들은 이 말
씀을 깨닫지 못하고 묻기도 두려워하더라 33 가버나움에 이르러 집에 계실새 제자들
에게 물으시되 너희가 길에서 서로 토론한 것이 무엇이냐 하시되 34 그들이 잠잠하
니 이는 길에서 서로 누가 크냐 하고 쟁론하였음이라 35 예수께서 앉으사 열두 제자
를 불러서 이르시되 누구든지 첫째가 되고자 하면 뭇 사람의 끝이 되며 뭇 사람을 섬
기는 자가 되어야 하리라 하시고 36 어린 아이 하나를 데려다가 그들 가운데 세우시
고 안으시며 제자들에게 이르시되 37 누구든지 내 이름으로 이런 어린 아이 하나를
영접하면 곧 나를 영접함이요 누구든지 나를 영접하면 나를 영접함이 아니요 나를
보내신 이를 영접함이니라

마음의 문을 열며

예수님은 예루살렘으로 가시기 전에 마지막으로 가버나움에 들릴 예정이셨다. 얼마 동안 제자들과 함께 한적한 곳에 계시던 예수님은 가버나움에 가시면서도 가급적이면 무리들의 눈에 띄지 않도록 소로를 택해 여행을 하고 계셨다. 십자가의 죽음을 앞에 놓고 기도하고 묵상할 시간이 더 많이 필요했기 때문이었다. 동시에 제자들이 스승의 죽음을 목격할 때 흔들리지 않고 더 강한 믿음을 가질 수 있도록 사전에 준비시킬 필요가 있었던 것이다. 그래서 길을 가시면서 십자가의 죽음과 부활에 대해 두 번째 예언을 하셨다. 그리고 자신의 제자가 되는 길은 겸손히 다른 사람을 섬기는 자리에 서는 것임을 교훈하셨다.

말씀의 씨를 뿌리며

1 예수님은 갈릴리 지방을 지나가시면서 무엇에 신경을 쓰고 계셨는가? 그리고 그 이유는 무엇인가?(30-31절)

2 길을 가시면서 제자들을 가르치신 주제는 십자가의 수난에 관한 것이었다. 예수님이 이것을 언제부터 말씀하셨는지 다시 한 번 살펴보라(참고 / 막 8:27 이하).

3 십자가의 수난과 부활에 관한 사실을 제자들에게 가르치실 때 왜 다른 사람들이 없는 시간을 이용하려고 하셨을까?

4 오늘날 많은 그리스도인들이 군중 속에서는 십자가와 부활에 관한 이야기를 많이 듣지만, 혼자서는 십자가 사건에 대해 진지하게 묵상하거나 감격하고 회개하며 찬송하는 시간을 갖지 않는 것 같다. 당신은 십자가 앞에서 홀로 예수님과 마주 앉아 본 일이 있는가? 그리고 부활의 동산에서 막달라 마리아처럼 다시 사신 예수님을 홀로 만나본 일이 있는가?

5 예수님이 자신의 죽음과 부활을 몇 번이고 반복하여 알려주신 데에는 제자들을 끔찍이 아끼고 위하는 그분의 뜨거운 사랑이 숨어 있다고 할 수 있다. 그 이유를 설명해 보라(막 13:22-23; 요 13:19).

6 제자들은 예수님의 말씀을 듣고 어떤 반응을 보였는가? 당시 제자들의 관심은 어디에 쏠려 있었는가?(32-34절)

7 예수님의 죽음에 대해서는 아무것도 알지 못하면서 누가 제일 높은가에 대해서는 비상한 관심을 보이며 말다툼까지 했던 제자들을 보면서 각자 무엇을 느꼈는지 말해 보라.

8 교만을 버리지 못하고 있는 제자들에게 예수님은 무엇이라고 말씀하셨는가? 그리고 그 의미는 무엇이었나?(35절)

9 37절의 말씀을 쉽게 정리해 보라. 마음이 교만한 사람은 보잘것없는 어린아이를 영접하기가 매우 어려울 것이다. 당신은 어린아이를 예수님을 위해 섬길 수 있는가? 어린아이의 말이라도 옳은 말에는 귀를 기울이고 순종할 수 있는가? 어린아이의 영혼이 천하보다 귀하다는 것을 인정할 수 있는가?

삶의 열매를 거두며

예수님이 십자가의 수난을 말씀하셨음에도 불구하고 제자들은 교만에 빠져 누가 크냐에만 관심이 쏠려 있었다. 교만이 뿌리 뽑히지 않은 사람은 아직도 십자가를 모르는 사람이라고 해도 과언이 아니다. 당신이 바로 그런 사람이 아닌지 깊이 반성하는 시간을 갖자.

Lesson 32

관용하라

마가복음 9:38-41

38 요한이 예수께 여짜오되 선생님 우리를 따르지 않는 어떤 자가 주의 이름으로 귀
신을 내쫓는 것을 우리가 보고 우리를 따르지 아니하므로 금하였나이다 39 예수께서
이르시되 금하지 말라 내 이름을 의탁하여 능한 일을 행하고 즉시로 나를 비방할 자
가 없느니라 40 우리를 반대하지 않는 자는 우리를 위하는 자니라 41 누구든지 너희
가 그리스도에게 속한 자라 하여 물 한 그릇이라도 주면 내가 진실로 너희에게 이르
노니 그가 결코 상을 잃지 않으리라

마음의 문을 열며

예수님은 자기 이름으로 어린아이를 영접하면 그것이 곧 자신을 영접하는 것과 같다고 말씀하셨다. 이 말을 들은 요한이 얼마 전에 있었던 사건을 가지고 질문을 하였다. 이 질문을 중심으로 주님은 제자들이 반드시 갖추어야 할 중요한 덕목에 관한 교훈을 말씀하셨다. 무엇보다 복음을 위해 일하는 자들은 서로 관용할 수 있어야 한다는 것이다. 왜 관용이 복음을 전하는 자들에게 중요한가? 이 문제는 당시의 제자들만이 아니라, 오늘날 복음을 위해 그리스도의 제자답게 말하고 행동하려는 사람이라면 누구나 귀담아 들어야 할 진리인 것이다.

말씀의 씨를 뿌리며

1 요한이 경험한 사건이 어떤 것이었는지 자세히 설명해 보라(38절).

2 요한은 귀신 쫓는 사람을 보고 어떤 감정을 느꼈나? 당신은 그런 감정이 정당한 것이라고 생각하는가?

3 요한은 예수님을 따르는 제자가 아니면서 예수님의 이름을 가지고 무엇을 한다는 것은 주님의 명예를 위해서라도 용납될 수 없다고 생각했던 것 같다. 그래서 그는 단호하게 그 사람을 막았다. 우리 역시 비슷한 언행을 자주 한다. 당신은 자신과 맞지 않거나, 또는 함께 행동하지 않는다는 구실로 요한처럼 다른 형제를 책망하거나 기를 꺾어버린 일은 없는지 솔직하게 말해 보라.

4 예수님의 대답을 쉬운 말로 다시 정리해 보라. 그 핵심이 무엇이라고 생각하는가?(39-41절, 참고 / 엡 4:2)

5 비록 예수님을 따르는 자가 아니라도 예수님의 이름을 가지고 일하는 사람이면 관용을 베풀어야 한다. 그 이유를 세 가지로 말해 보라(39-41절).

6 복음을 위해서는 가급적 적을 만드는 행동은 하지 말아야 한다. 요한처럼 처신하면 모욕을 당한 사람은 복음을 방해하는 반대자가 되기 쉽다. 이것은 지혜롭지 못한 처사라고 말씀하신다. 당신은 관용하지 못해 반대자를 만들고, 그 결과 복음을 전하는 데 지장을 초래한 경험은 없었는가?(참고 / 롬 12:18-20)

7 주님의 말씀은 비진리를 가르치는 사람이라도 충돌을 면하기 위해서는 용납하고 타협하라는 의미인가?(참고 / 요이 7-11절)

8 당신은 평소에 신앙적으로 관용해야 할 사람과 그렇게 해서는 안 될 사람을 어떻게 구별하고 있는가? 실례를 들어 말해 보라.

9 예수 그리스도를 믿는 사람에게 찬물 한 그릇의 작은 동정을 보여도 그는 결단코 상을 잃지 않는다는 말씀에 대해 어떻게 생각하는가? 그들이 받는 상은 무엇을 말하는 것일까? 예수님을 믿지 않아도 하나님이 상을 주신다는 말인가?

삶의 열매를 거두며

지금까지 신앙생활을 하면서 관용의 덕이 부족해서 상처 준 형제들이 생각나면 그 이름들을 솔직하게 적어 보자. 그리고 관용할 수 있는 덕을 갖추게 해 달라고 합심해서 기도하자.

Lesson 33

소금을 두고 화목하라

마가복음 9:42-50

42 또 누구든지 나를 믿는 이 작은 자들 중 하나라도 실족하게 하면 차라리 연자맷돌
이 그 목에 매여 바다에 던져지는 것이 나으리라 43 만일 네 손이 너를 범죄하게 하
거든 찍어버리라 장애인으로 영생에 들어가는 것이 두 손을 가지고 지옥 곧 꺼지지
않는 불에 들어가는 것보다 나으니라 44(없음) 45 만일 네 발이 너를 범죄하게 하거
든 찍어버리라 다리 저는 자로 영생에 들어가는 것이 두 발을 가지고 지옥에 던져지
는 것보다 나으니라 46(없음) 47 만일 네 눈이 너를 범죄하게 하거든 빼버리라 한 눈
으로 하나님의 나라에 들어가는 것이 두 눈을 가지고 지옥에 던져지는 것보다 나으
니라 48 거기에서는 구더기도 죽지 않고 불도 꺼지지 아니하느니라 49 사람마다 불
로써 소금 치듯 함을 받으리라 50 소금은 좋은 것이로되 만일 소금이 그 맛을 잃으면
무엇으로 이를 짜게 하리요 너희 속에 소금을 두고 서로 화목하라 하시니라

마음의 문을 열며

예수님을 따라 살기 원하는 제자는 자기 자신을 엄격하게 관리할 줄 알아야 한다. 요한이 범한 실수를 가지고 주님은 매우 엄하게 교훈하셨다. 무엇이나 자기 본위로 다른 형제를 비판하거나 실족하게 하는 일이 얼마나 자신에게 큰 불행을 가져다주는지 경고하고 계신다. 그리고 자기 관리를 잘못하여 죄에 빠지면 돌이킬 수 없는 치명적인 결과가 뒤따를 수도 있다는 사실을 일깨워 주셨다.

말씀의 씨를 뿌리며

1 42절에서 주님은 무엇이라고 말씀하셨는가? 여기서 남을 실족하게 한다는 의미가 무엇인지 38절을 가지고 설명해 보라.

2 '나를 믿는 이 작은 자들 중 하나' 라는 말 속에는 여러 가지 값진 교훈이 들어 있다. 각자 생각나는 대로 한 가지씩 말해 보라(참고 / 마 10:30-31, 18:10, 14).

3 연자맷돌을 달아 바다에 던지는 비유는 우리에게 무엇을 강력하게 경고하고 있는가?

4 일반적으로 우리가 교회 안에서 다른 형제를 실족하게 만드는 주된 원인이 어디에 있는지 허심탄회하게 이야기해 보라. 그리고 각자 믿음의 형제를 실족하게 한 일이 없는지, 즉 신앙생활을 잘하고 있는 형제를 낙담하게 하거나 타락하게 만든 적이 없는지 솔직하게 말해 보라.

5 예수님의 제자는 다른 사람을 실족케 하지 말아야 할 뿐 아니라 자기 자신을 실족하게 해서도 안 된다. 무엇이 자신을 실족케 하는 것인지 43-47절에 반복해서 나오는 말을 가지고 설명해 보라.

6 주님은 죄를 짓게 하는 손과 발과 눈을 사정없이 처리하는 편이 지옥에 가서 영원히 고통당하는 것보다 낫다고 말씀하셨다. 이에 대해 당신이 느끼는 바를 말해 보라.

7 당신은 죄를 짓고 나서 손을 찍어 버리듯이 고통하며 회개한 경험이 있는가? 당신은 자신의 범죄에 대해 보통 어떤 반응을 보이고 있는지 말해 보라.

8 일반적으로 믿음으로 구원을 받았다는 확신 때문에 죄를 지어도 크게 고통하거나 두려워하지 않는 경향이 있다. 이것이 왜 잘못인가?(참고 / 롬 6:11-14; 마 12:33)

9 예수님의 제자는 누구나 다 영적 부패에 빠지지 않도록 주의해야 한다. 형제를 실족하게 하는 교만과 아집을 버리지 못하거나 자기 자신을 죄의 유혹으로부터 지키는 절제가 없으면 영적으로 쉽게 병들게 된다. 어떻게 하면 영적 부패를 막을 수 있는지 49절을 가지고 생각해 보라(참고 / 마 5:13; 벧전 1:7).

10 50절에 나오는 소금은 형제를 향해 관용하고 공정하며 신실하게 대하는 덕과 자기 자신을 죄의 유혹으로부터 지키는 경건의 덕을 가리킨다고 할 수 있다. 이러한 덕을 우리 속에 간직하고 살면 형제간에 화목하지 못할 이유가 없을 것이다. 왜 이렇게 말할 수 있는지 당신의 생각을 말해 보라.

삶의 열매를 거두며

교회 안에는 자기 혼자 잘나고, 자기 혼자 믿음 좋고, 자기 혼자 일 다 하는 것처럼 행동하는 사람들이 가끔 있다. 우리는 이런 자들이 얼마나 주님의 마음과 교훈에서 멀어져 있는가를 오늘 배운 말씀을 통해 배웠다. 당신에게는 이런 부도덕한 면이 없는가? 조용히 기도하면서 자신의 생각을 적어보라.

Lesson 34

사람이 나누지 못하리라

마가복음 10:1-12

1 예수께서 거기서 떠나 유대 지경과 요단 강 건너편으로 가시니 무리가 다시 모여
들거늘 예수께서 다시 전례대로 가르치시더니 2 바리새인들이 예수께 나아와 그를
시험하여 묻되 사람이 아내를 버리는 것이 옳으니이까 3 대답하여 이르시되 모세가
어떻게 너희에게 명하였느냐 4 이르되 모세는 이혼 증서를 써주어 버리기를 허락하
였나이다 5 예수께서 그들에게 이르시되 너희 마음이 완악함으로 말미암아 이 명령
을 기록하였거니와 6 창조 때로부터 사람을 남자와 여자로 지으셨으니 7 이러므로
사람이 그 부모를 떠나서 8 그 둘이 한 몸이 될지니라 이러한즉 이제 둘이 아니요 한
몸이니 9 그러므로 하나님이 짝지어 주신 것을 사람이 나누지 못할지니라 하시더라
10 집에서 제자들이 다시 이 일을 물으니 11 이르시되 누구든지 그 아내를 버리고 다
른 데에 장가 드는 자는 본처에게 간음을 행함이요 12 또 아내가 남편을 버리고 다른
데로 시집 가면 간음을 행함이니라

마음의 문을 열며

예수님은 갈릴리 지방을 떠나셨다. 십자가의 죽음을 앞에 두고 예루살렘을 향해 발걸음을 옮겨 놓으신 것이다. 그 당시는 예루살렘으로 가려 할 때 사마리아를 통과하지 않으려고 요단 강 건너편 베뢰아 지방으로 돌아서 다녔다. 누가복음에는 예수님이 베뢰아 지방을 지나가면서 하신 일들을 많이 기록하고 있지만 마가복음은 10장에서만 이야기하고 있다. 그 중에서 제일 처음 발생한 사건은 이혼 문제를 가지고 바리새인들이 예수님을 시험한 일이었다. 현대 교회가 안고 있는 가장 심각한 문제 중 하나가 이혼이라고 할 수 있다. 문명이 발달하고 생활이 부유해질수록 부부가 갈라서는 비극이 더욱 늘어나고 있기 때문이다. 따라서 주님께서 이 문제를 어떻게 말씀하시는지 주의 깊게 살펴보아야 할 것이다.

말씀의 씨를 뿌리며

1 바리새인들은 예수님을 만나 무엇을 질문하였는가? 그리고 왜 그런 질문을 가지고 예수님을 찾아왔을까?(2절, 참고 / 마 22:15-18)

2 예수님은 모세의 율법에서 이혼에 대해서 어떻게 가르치고 있는가를 물으셨다. 바리새인들은 무엇이라고 답했는가?(4절, 참고 / 신 24:1-4)

3 바리새인들 사이에는 이혼에 대해 입장 차이가 있었다. 이혼 증서를 줄 수 있다는 율법 조항을 가지고 어떤 이들은 여자가 간음을 했을 경우에만 적용된다고 보았고, 다른 이들은 간음뿐 아니라 다른 조건들까지 적용 가능하다고 보았다. 예수님은 이 조항을 어떻게 보셨는가?(5절, 참고 / 마 19:8)

4 당신은 이혼에 대해 지금까지 어떤 견해를 가지고 있었는가? 각자 솔직하게 말해 보라. 그리고 그 견해가 성경에 근거한 것인지 아니면 일반적인 상식을 따른 것인지를 검토해 보라.

5 예수님은 결혼을 어떻게 보셨는지 6-9절을 가지고 중요한 몇 가지 원리를 찾아보라. 그리고 이 원리들 중 현대인들이 가장 무시하고 있는 것은 무엇인가?(참고 / 창 2:21-25)

6 이혼 문제는 제자들의 비상한 관심을 끌었던 것이 사실이다. 그래서 그들은 집에 돌아오자마자 그 문제를 다시 재론하였다. 제자들의 질문에 대해 예수님은 왜 이혼이 죄가 된다고 하셨는가?(11-12절)

7 이혼이 합법적으로 인정받을 수 있는 경우에 대해 성경은 무엇이라고 말씀하고 있는가?(참고 / 마 19:9; 롬 7:2-3)

8 하나님은 원칙상 이혼을 허용하지 않으셨다. 그러나 이것은 함부로 이혼하는 것을 금하신 것이지 탈선행위와 죽음 이외에 어떤 조건으로도 이혼을 할 수 없도록 못을 박은 것은 아니다. 당신은 다음과 같은 이혼 조건에 대해 어떻게 생각하는가?

- 남편(아내)이 수년 동안 가정을 버리고 소식이 없을 때 /
- 성격상의 차이가 너무 심할 때 /
- 정신질환이나 치유불가능한 치명적인 병을 가지고 있을 때 /
- 부부생활을 할 수 없는 육체적인 결함이 있을 때 /
- 부부 중에 정신적으로 다른 사람을 사랑하고 있을 때 /

9 당신은 이혼을 생각해 본 일이 있는가? 있다면 어떤 경우였으며, 어떻게 그 고비를 넘길 수 있었는지 말해 보라.

삶의 열매를 거두며

올바른 신앙생활은 이혼의 비극을 최대한 막을 수 있다. 미국의 경우 믿는 부모의 이혼율이 불신자에 비해 20%에도 미치지 못하는 것을 보면 알 수 있다. 그 이유가 어디에 있다고 생각하는가?

Lesson 35

어린아이를 축복하시다

마가복음 10:13-16

13 사람들이 예수께서 만져 주심을 바라고 어린 아이들을 데리고 오매 제자들이 꾸
짖거늘 14 예수께서 보시고 노하시어 이르시되 어린 아이들이 내게 오는 것을 용납
하고 금하지 말라 하나님의 나라가 이런 자의 것이니라 15 내가 진실로 너희에게 이
르노니 누구든지 하나님의 나라를 어린 아이와 같이 받들지 않는 자는 결단코 그 곳
에 들어가지 못하리라 하시고 16 그 어린 아이들을 안고 그들 위에 안수하시고 축복
하시니라

마음의 문을 열며

예수님은 제자들에게 어린아이 하나를 주의 이름으로 영접하면 그것이 주님을 영접하는 것이며 어린아이 하나를 실족하게 하면 차라리 죽는 편이 더 낫다고 말씀하셨다. 그런데 며칠이 지나지 않아 제자들은 그 교훈을 완전히 잊어버리고 말았다. 사람들이 어린아이들을 예수님께 데리고 오자 제자들은 평소 버릇대로 아이들을 무시하는 말과 행동을 하였다. 제자들의 언행은 마치 우리 자신을 거울에 비추어 보는 것과 같다. 다시 한 번 어린아이들의 가치와 중요성에 눈을 떠야 하겠다.

말씀의 씨를 뿌리며

1 사람들이 어린아이들을 예수님께로 데리고 나온 이유가 무엇이라고 생각하는가?(13절, 참고 / 마 19:13; 눅 18:15)

2 제자들은 부모들이 아이들을 데리고 와서 자기 선생님을 괴롭히는 것을 보고 화를 내면서 꾸짖었다. 제자들은 어떤 심정에서 이렇게 하였을까? 긍정적인 면과 부정적인 면을 말해 보라.

3 우리도 가끔 제자들처럼 예수님께 나와 은혜 받는 일에 아이들을 차별하는 경향이 없지 않다. 예수님을 만나 말씀을 배우고 은혜를 받는 일에 어린아이를 제한하지 말아야 하는 이유는 무엇인가? 그리고 그 반대 견해가 있다면 그 이유를 설명해 보라.

4 예수님은 무엇이라고 말씀하시는가? 그리고 이렇게 말씀하신 이유는 무엇인지 두 가지를 찾아보라(14-15절).

5 '하나님의 나라가 이런 자의 것' 이라는 말의 의미를 생각해 보라. 왜 천국이 어린아이들의 세상이라고 하는가? 어린아이에게서 발견할 수 있는 좋은 점들을 열거하고 그 가운데서 믿는 우리가 본받아야 할 점이 무엇인지 말해 보라(참고 / 마 18:4; 눅 10:21).

6 어린아이와 비교할 때 영적으로 당신에게 가장 부족하다고 생각되는 것이 무엇인가? 그리고 이로 인해 지금까지 어떤 손해를 보았는지 말해 보라.

7 15절의 '어린아이와 같이 받들다' 라는 말은 '영접하다' 라는 의미다. 그렇다면 어린아이처럼 예수님을 영접한다는 것은 무엇을 말하는 것인가?

8 당신은 주님 앞에서 항상 어린아이와 같다고 생각하는가? 무엇을 가지고 그렇게 말할 수 있는지 구체적으로 설명해 보라. 그리고 만일 당신에게 어린아이와 같은 영적 자세가 부족하다면 어떻게 그 문제를 해결할 수 있는지 나누어 보라(참고 / 눅 18:35-41, 19:1-6).

9 예수님은 어린아이들에게 어떻게 해주셨는가?(16절)

삶의 열매를 거두며

자녀들에게 가장 귀한 것은 하나님의 축복이다. 당신에게는 이 확신이 있는가? 그리고 지금 이 확신을 가지고 본문에 나오는 아이들처럼 예수님의 축복을 직접 받을 수 있도록 간절한 마음으로 자녀들을 양육하고 있는지 솔직하게 이야기해 보자.

Lesson 36

부자와 하나님 나라(1)

마가복음 10:17-22

17 예수께서 길에 나가실새 한 사람이 달려와서 꿇어 앉아 묻자오되 선한 선생님이
여 내가 무엇을 하여야 영생을 얻으리이까 18 예수께서 이르시되 네가 어찌하여 나
를 선하다 일컫느냐 하나님 한 분 외에는 선한 이가 없느니라 19 네가 계명을 아나니
살인하지 말라, 간음하지 말라, 도둑질하지 말라, 거짓 증언 하지 말라, 속여 빼앗지
말라, 네 부모를 공경하라 하였느니라 20 그가 여짜오되 선생님이여 이것은 내가 어
려서부터 다 지켰나이다 21 예수께서 그를 보시고 사랑하사 이르시되 네게 아직도
한 가지 부족한 것이 있으니 가서 네게 있는 것을 다 팔아 가난한 자들에게 주라 그
리하면 하늘에서 보화가 네게 있으리라 그리고 와서 나를 따르라 하시니 22 그 사람
은 재물이 많은 고로 이 말씀으로 인하여 슬픈 기색을 띠고 근심하며 가니라

마음의 문을 열며

예수님이 제자들과 함께 예루살렘으로 향하여 걸어가고 계실 때 어떤 부자 청년이 찾아와서 길바닥에 꿇어 앉아 어떻게 하면 영생을 얻을 수 있는지 물었다. 이것은 현대인들에게 무엇과도 바꿀 수 없는 한 가지 진리를 가르쳐 준 획기적인 계기가 되었다. 영생과 돈, 예수와 세상 사이에 엉거주춤하게 서서 두 가지를 다 놓치고 싶어 하지 않는 사람들에게 어느 하나를 선택하지 않으면 안 된다고 분명히 말씀하신 것이다. 이런 예수님의 교훈을 우리는 두려운 마음으로 받아야 할 것이다. 둘 다 가질 수는 없다. 어느 하나를 선택해야 하고 그 선택에 따라 영원한 운명이 결정되는 것이다.

말씀의 씨를 뿌리며

1 예수님을 찾아 영생에 대해 고상한 질문을 던진 사람에게서 우리는 여러 가지 좋은 점들을 찾을 수 있다. 그것이 무엇인지 17-20절을 가지고 말해 보라.

2 흔히들 성경학자들은 이 사람을 '부자 청년' 이라고 부른다. 젊음, 재력, 건강, 명예를 가졌지만 그것으로는 영혼의 갈증을 풀지 못해 안타까워하는 이 청년을 보면서 당신이 새삼 깨달을 수 있는 진리는 무엇인가? 당신 역시 영생의 문제를 가지고 진지하게 씨름해 본 일이 있다면, 자신의 경험에 비추어 말해 보라(참고 / 전 5:10-11).

3 예수님은 왜 자신을 선하다고 말하는 청년을 나무라셨을까? 자신이 죄 없으신 하나님이라는 사실을 부인하는 것인가?(18절, 참고 / 요 10:33)

4 예수님은 영생을 얻는 방법으로 율법을 지키라고 하셨다. 영생은 오직 믿음으로 얻는 것인데, 왜 그렇게 말씀하셨을까?(참고 / 레 18:5; 롬 7:12)

5 부자 청년은 자기가 율법을 어려서부터 지켰다고 은근히 자만하고 있었음이 틀림없다. 그럼에도 불구하고 영생의 문제를 가지고 갈등하는 그의 모습은 우리에게 무엇을 교훈하고 있는가?(참고 / 롬 7:9, 13)

6 율법을 다 지켰다고 큰소리 치는 청년에게 예수님은 무엇을 요구하셨는가?

- 명령

- 약속

- 초청

7 왜 예수님은 청년에게 재산을 처분하라고 요구하셨을까? 영생 얻기를 원하는 사람은 누구나 이렇게 해야 한다는 의미인가?

8 예수님의 요구를 듣고 청년은 어떻게 반응하였는가? 결국 예수님이 지적한 청년의 '한 가지 부족한 것' 은 무엇이라고 할 수 있는가?

9 청년에게 남아 있던 한 가지 부족한 점은 그에게 두 가지 치명적인 피해를 안겨 주었다. 이로 인해 율법대로 살 수 없었고 영생을 포기하지 않으면 안 되었던 것이다. 왜 그렇게 말할 수 있는지 생각해 보라.

삶의 열매를 거두며

우리 주변에는 현대판 부자 청년들이 무척 많다. 그들은 많은 돈을 가지고 있다. 그러나 마음속에는 남모르는 불안과 갈증이 있다. 그래서 구원에 대해 깊은 관심을 보인다. 할 수만 있다면 구원을 받고 싶어 한다. 그럼에도 불구하고 그들은 기꺼이 돈에서 마음을 떼고 예수님을 선택하지 못하는 연약함을 지니고 있다. 당신은 어떤가? 주님이 보시기에 당신은 '한 가지 부족한 것' 이 없는 사람이라고 말할 수 있는지 솔직하게 이야기해 보자.

Lesson 37

부자와 하나님 나라(2)

마가복음 10:23-31

23 예수께서 둘러보시고 제자들에게 이르시되 재물이 있는 자는 하나님의 나라에 들
어가기가 심히 어렵도다 하시니 24 제자들이 그 말씀에 놀라는지라 예수께서 다시
대답하여 이르시되 얘들아 하나님의 나라에 들어가기가 얼마나 어려운지 25 낙타가
바늘귀로 나가는 것이 부자가 하나님의 나라에 들어가는 것보다 쉬우니라 하시니
26 제자들이 매우 놀라 서로 말하되 그런즉 누가 구원을 얻을 수 있는가 하니 27 예수
께서 그들을 보시며 이르시되 사람으로는 할 수 없으되 하나님으로는 그렇지 아니
하니 하나님으로서는 다 하실 수 있느니라 28 베드로가 여짜와 이르되 보소서 우리
가 모든 것을 버리고 주를 따랐나이다 29 예수께서 이르시되 내가 진실로 너희에게
이르노니 나와 복음을 위하여 집이나 형제나 자매나 어머니나 아버지나 자식이나
전토를 버린 자는 30 현세에 있어 집과 형제와 자매와 어머니와 자식과 전토를 백배
나 받되 박해를 겸하여 받고 내세에 영생을 받지 못할 자가 없느니라 31 그러나 먼저
된 자로서 나중 되고 나중 된 자로서 먼저 될 자가 많으니라

마음의 문을 열며

부자 청년이 돌아간 다음 예수님은 제자들에게 부자의 불행에 대해 경고하셨다. 성경에는 가난한 자에게 구원이 불가능하다고 말씀하신 예가 없다. 그러나 부자는 항상 경고의 대상으로 등장하고 있다. 돈을 사랑하는 현대의 성도들은 이런 경고를 조금이라도 피하고자 부자라는 말을 영적으로 해석하려는 경향마저 보인다. 그러나 분명한 사실은 성경은 돈을 사랑하는 자가 아니라 재산이 많은 사람을 부자라고 부른다는 것이다. 하나님과 돈을 동시에 사랑하려는 약삭빠른 현대인들이 두려워해야 할 말씀이다.

말씀의 씨를 뿌리며

1 부자 청년이 돌아가자 예수님은 무엇이라고 말씀하셨는가?(23절)

2 이 말씀은 실제로 돈을 많이 가진 사람을 가리키는 동시에 돈을 사랑하는 사람을 가리킨다. 그런데 이 둘은 거의 일치한다. 다시 말하면, 돈이 많으면 돈을 사랑하기 마련이라는 말이다. 부자와 돈에 대한 사랑과의 관계에 대해 각자의 생각을 말해 보라.

3 만일 돈은 많은데 돈을 사랑하지 않는다고 하는 사람이 있다면, 그 사실을 어떻게 증명할 수 있는가?(참고 / 눅 19:8-10; 딤전 6:17-18)

4 부자가 천국에 들어가는 것이 매우 어렵다는 사실을 주님은 어떤 비유를 가지고 설명하셨나?

5 예수님의 비유는 부자의 구원이 불가능하다는 것을 의미하는가? '심히 어렵다' 는 말과 27절의 말씀을 비교하면서 답해 보자.

6 24절을 보면 제자들은 예수님의 말씀에 대단히 놀랐다. 당시 유대인들은 하나같이 부자에 대해 예수님과는 정반대의 생각을 가지고 있었다. 부를 축적하는 것이 곧 하나님의 축복이라고 보았기 때문에 그런 축복을 받는 자는 영생을 얻는 데도 우선권이 있다고 생각했다. 다시 말하면, 그들은 구약시대의 축복론에 매달려 있었던 것이다. 당신은 이와 비슷한 생각을 가지고 있지 않은가?

7 27절 말씀은 무엇을 의미하는가? 그리고 당신 자신이나 주변 사람들 중에서 27절의 기적을 체험한 일이 있으면 말해 보라.

8 베드로는 무엇이라고 했는가? 그리고 그가 이렇게 말한 이유는 무엇이라고 생각하는가?(28절)

9 베드로의 질문에 예수님은 어떻게 대답하셨는가? 그리고 그 말씀의 핵심은 무엇인가?(29-30절)

삶의 열매를 거두며

30절에서 주님은 복음을 위해 모든 것을 버린 자는 금세에서 백 배의 보상을 받을 것이라고 말씀하신다. 여기서 말하는 백 배의 보상은 절대로 글자 그대로의 의미가 아니다. 오히려 모든 것을 버린 자가 누리는 영적인 축복을 말하는 것이라고 해야 할 것이다. 왜 그런지 설명해 보라. 그리고 당신은 주님과 복음을 위해 무엇을 버렸는지 말해 보라.

Lesson 38

좌우편에 앉는 영광을 사모하라

마가복음 10:32-45

32 예루살렘으로 올라가는 길에 예수께서 그들 앞에 서서 가시는데 그들이 놀라고
따르는 자들은 두려워하더라 이에 다시 열두 제자를 데리시고 자기가 당할 일을 말
씀하여 이르시되 33 보라 우리가 예루살렘에 올라가노니 인자가 대제사장들과 서기
관들에게 넘겨지매 그들이 죽이기로 결의하고 이방인들에게 넘겨주겠고 34 그들은
능욕하며 침 뱉으며 채찍질하고 죽일 것이나 그는 삼 일 만에 살아나리라 하시니라
35 세베대의 아들 야고보와 요한이 주께 나아와 여짜오되 선생님이여 무엇이든지 우
리가 구하는 바를 우리에게 하여 주시기를 원하옵나이다 36 이르시되 너희에게 무엇
을 하여 주기를 원하느냐 37 여짜오되 주의 영광중에서 우리를 하나는 주의 우편에,
하나는 좌편에 앉게 하여 주옵소서 38 예수께서 이르시되 너희는 너희가 구하는 것
을 알지 못하는도다 내가 마시는 잔을 너희가 마실 수 있으며 내가 받는 세례를 너희
가 받을 수 있느냐 39 그들이 말하되 할 수 있나이다 예수께서 이르시되 너희는 내가
마시는 잔을 마시며 내가 받는 세례를 받으려니와 40 내 좌우편에 앉는 것은 내가 줄
것이 아니라 누구를 위하여 준비되었든지 그들이 얻을 것이니라 41 열 제자가 듣고
야고보와 요한에 대하여 화를 내거늘 42 예수께서 불러다가 이르시되 이방인의 집권
자들이 그들을 임의로 주관하고 그 고관들이 그들에게 권세를 부리는 줄을 너희가
알거니와 43 너희 중에는 그렇지 않을지니 너희 중에 누구든지 크고자 하는 자는 너

희를 섬기는 자가 되고 44 너희 중에 누구든지 으뜸이 되고자 하는 자는 모든 사람의
종이 되어야 하리라 45 인자가 온 것은 섬김을 받으려 함이 아니라 도리어 섬기려 하
고 자기 목숨을 많은 사람의 대속물로 주려 함이니라

마음의 문을 열며

예수님과 제자들은 예루살렘으로 점점 다가가고 있었다. 예수님은 앞서서 걸어가시고 제자들은 조금 떨어져 따라오고 있었던 것 같다. 여기서 마가는 다른 복음서 저자들이 말하지 않은 내용을 매우 생생하게 묘사하고 있다. 따라오던 제자들이 매우 불안해하고 두려워했다는 사실이다. 우리는 이 짧은 기록에서 흔들림이 없는 소신을 가지고 무거운 발걸음을 옮기고 계셨던 주님의 심정을 느끼게 된다. 얼마나 답답하고 비장하셨을까. 제자들이 두려움을 느낄 정도의 분위기였다면 주님에게는 몇 갑절 더 큰 정신적인 부담과 영적인 고뇌를 안겨 주었을 것이 틀림없기 때문이다. 많은 사람을 위한 대속물로 스스로 생명을 버리기 위해 걸어가시는 주님의 모습을 한순간도 잊어서는 안 될 것이다.

말씀의 씨를 뿌리며

1 예수님의 뒤를 따라가던 제자들이 놀라고 두려워한 이유는 무엇인가? 예수님의 태도나 말을 주의해서 살펴보라(32절, 참고 / 막 14:33-34).

2 예수님은 세 번째로 자신의 죽음과 부활을 예언하셨다. 이번에는 매우 자세히 말씀하셨는데 이전의 예언과 비교하면서 어떤 면이 그런지 찾아보라(33-34절, 참고 / 막 8:31, 9:31).

3 자신의 죽음과 부활에 대해 명확하게 예언하신 것을 보고 당신은 무엇을 깨달을 수 있는가? 예수님의 죽음과 부활은 우연의 사건이 아니라 스스로 정해 놓고 걸어가신 확고한 목표에 근거한 것이었다. 여기에 대해 당신은 어떻게 생각하는가?(45절)

4 놀라운 일은 예수님이 자신의 죽음과 부활을 예언하실 때마다 제자들이 이상한 언행을 했다는 것이다. 이번에는 야고보와 요한이 그랬다. 그들이 무슨 말을 했는지 설명하라. 그리고 첫 번째 예언과 두 번째 예언 때에는 어떤 일이 있었는지 간단하게 말해 보라(35-37절, 참고 / 막 8:32, 9:33-34).

5 야고보와 요한을 비롯한 제자들의 언행을 보며 당신은 무엇을 느끼는가? 특히 예수님의 고독과 제자들의 영적인 무지를 중심으로 생각해 보라.

6 당신도 한때 제자들과 별다른 차이가 없는 사람은 아니었는가? 당신은 언제부터 십자가의 은혜를 제대로 알게 되었는지 그때를 전후해서 생각해 보라.

7 두 제자는 도무지 어울리지 않는 분위기에서 왜 이런 말을 했을까? 어떤 이는 그들이 예수님이 부활하신 다음에 얻을 영광에 대해 강한 믿음과 소망을 가지고 있었기 때문에 그런 요구를 하였다고 해석한다. 당신은 이에 대해 어떻게 생각하는가?

8 두 제자에 대해 예수님은 무엇이라고 대답하셨는가?(38-40절)

9 주님의 좌우편에 앉는 영광을 어떤 사람이 얻을 수 있는지 그 자격 두 가지를 말하라(38, 43-44절, 참고 / 롬 8:18; 딤후 2:11-12).

삶의 열매를 거두며

우리는 두 제자의 욕심스럽고 바보 같은 요구를 비난할 때가 많다. 그러나 그들이 주님이 주시는 영광의 상을 사모한 것에 대해서는 높이 평가해야 할 것이다. 단지 지불해야 할 대가를 생각지 않고 욕심을 부렸다는 것이 어리석었을 뿐이다. 오늘날 많은 성도들이 주님이 주시는 상에 대한 바람조차 없는 것을 보게 된다. 더욱이 어떤 대가를 지불한다는 것은 상상조차 할 수 없다. 한마디로 야고보와 요한보다 더 못한 사람들이다. 세상의 영광은 신기루와 같다. 성도는 하늘의 영광과 상을 소망하며 헌신의 삶을 살아야 한다. 단순히 구원이나 얻으려고 해서는 안 된다. 진짜 구원을 받은 사람이면 상을 얻는 일을 양보하지 않을 것이다. 그렇게 하기 위해 필요한 대가를 즐거운 마음으로 지불할 것이다. 주를 위한 고난을 피하지 말고 주를 섬기기 위해 낮아지는 생활을 거부하지 말아야 한다. 당신은 두 제자처럼 예수님의 좌우편에 앉는 영광을 구하고 싶은 마음이 있는가? 그래서 그 영광을 얻기 위해 필요한 자격을 얻고 싶은 마음이 있는지 솔직하게 이야기해 보자.

Lesson 39

보기를 원하나이다

마가복음 10:46-52

46 그들이 여리고에 이르렀더니 예수께서 제자들과 허다한 무리와 함께 여리고에서
나가실 때에 디매오의 아들인 맹인 거지 바디매오가 길 가에 앉았다가 47 나사렛 예
수시란 말을 듣고 소리 질러 이르되 다윗의 자손 예수여 나를 불쌍히 여기소서 하거
늘 48 많은 사람이 꾸짖어 잠잠하라 하되 그가 더욱 크게 소리 질러 이르되 다윗의
자손이여 나를 불쌍히 여기소서 하는지라 49 예수께서 머물러 서서 그를 부르라 하
시니 그들이 그 맹인을 부르며 이르되 안심하고 일어나라 그가 너를 부르신다 하매
50 맹인이 겉옷을 내버리고 뛰어 일어나 예수께 나아오거늘 51 예수께서 말씀하여
이르시되 네게 무엇을 하여 주기를 원하느냐 맹인이 이르되 선생님이여 보기를 원
하나이다 52 예수께서 이르시되 가라 네 믿음이 너를 구원하였느니라 하시니 그가
곧 보게 되어 예수를 길에서 따르니라

마음의 문을 열며

예수님은 예루살렘을 향하여 계속 걸음을 옮기고 계셨다. 여리고 성은 예수님이 지나가신 마지막 도시였다. 머지않아 예루살렘 성곽이 보일 정도로 가까워진 것이다. 벌써부터 예수님은 긴장하기 시작하셨을 것이다. 참혹한 죽음을 목전에 두신 그분에게 무슨 소리가 귀에 들릴 수 있겠는가? 그런데도 우리는 놀라운 사실을 목격하게 된다. 버림받은 맹인이 자기를 찾아 부르짖는 소리를 놓치지 않으신 것이다. 맹인을 부르시고 그의 요구에 귀를 기울이신 예수님의 모습을 보며 우리가 배우고 느껴야 할 점은 무엇일까?

말씀의 씨를 뿌리며

1 맹인 바디매오에 대해 알 수 있는 바를 전부 이야기해 보라(46절).

2 예수님이 지나가신다는 말을 듣자마자 바디매오는 어떻게 하였는가?(47절)

3 바디매오는 예수님을 다윗의 자손이라고 불렀다. 이것은 어떤 의미가 있는가?(참고 / 마 1:1)

4 48절을 보면 바디매오는 사람들이 저지하고 꾸짖는 말에도 아랑곳하지 않고 더 큰소리로 예수님을 불렀다. 그의 믿음이 가진 강점은 바로 여기에 있었다고 할 수 있다. 왜 그렇게 말할 수 있는가?

5 당신은 사람들의 말이나 눈을 의식하여 주님을 더 열심히, 더 큰소리로 찾아야 할 필요가 있음에도 불구하고 그렇게 하지 못한 경험은 없는지 말해 보라.

6 예수님은 바디매오의 부르짖는 음성을 놓치지 않으셨다. 그래서 그분은 걸음을 멈추시고 맹인을 데리고 오라고 하셨다. 이것은 우리의 가슴을 뭉클하게 한다. 왜 그런지 생각해 보라(49절).

7 예수님은 바디매오에게 무엇이라고 물었는가? 그리고 그는 어떻게 대답하였는가?(51절)

8 바디매오는 자기가 예수님을 찾은 목적을 분명히 알고 있었다. 오늘날 교회에 나오는 사람들 가운데는 목적이 흐릿하거나 불순한 자들이 많다. 당신은 이러한 부류에 속하지 않는다고 자신 있게 말할 수 있는가? 당신이 예수님을 찾는 목적에 대해 다시 한 번 말해 보라.

9 바디매오의 시력을 회복시켜 주신 배후에는, 예수 그리스도가 영적으로 어두운 우리들의 눈을 열어 주시는 진리의 빛이라는 사실을 알게 하는 데 그 목적이 있었다. 이런 의미에서 당신은 눈이 열린 자라고 할 수 있는가?(참고 / 요 9:39-41)

삶의 열매를 거두며

바디매오는 마지막 기회를 놓치지 않았다는 점에서 칭찬을 들어야 할 사람이었다. 만일 그가 이 기회를 놓쳤다면 다시는 예수님을 만날 수 없었을 것이다. 왜냐하면 예수님은 십자가를 지고자 예루살렘을 향해 가고 계시기 때문이다. 우리 주변에는 구원받을 기회를 영원히 놓칠지도 모르는 자들이 많다. 이 시간 기회를 놓칠지도 모를 사람들의 이름을 적어놓고 함께 기도하자.

Lesson 40

왕이 입성하시다

마가복음 11:1-11

1 그들이 예루살렘에 가까이 와서 감람 산 벳바게와 베다니에 이르렀을 때에 예수께
서 제자 중 둘을 보내시며 2 이르시되 너희는 맞은편 마을로 가라 그리로 들어가면
곧 아직 아무도 타 보지 않은 나귀 새끼가 매여 있는 것을 보리니 풀어 끌고 오라
3 만일 누가 너희에게 왜 이렇게 하느냐 묻거든 주가 쓰시겠다 하라 그리하면 즉시
이리로 보내리라 하시니 4 제자들이 가서 본즉 나귀 새끼가 문 앞 거리에 매여 있는
지라 그것을 푸니 5 거기 서 있는 사람 중 어떤 이들이 이르되 나귀 새끼를 풀어 무엇
하려느냐 하매 6 제자들이 예수께서 이르신 대로 말한대 이에 허락하는지라 7 나귀
새끼를 예수께로 끌고 와서 자기들의 겉옷을 그 위에 얹어 놓으매 예수께서 타시니
8 많은 사람들은 자기들의 겉옷을, 또 다른 이들은 들에서 벤 나뭇가지를 길에 펴며
9 앞에서 가고 뒤에서 따르는 자들이 소리 지르되 호산나 찬송하리로다 주의 이름으
로 오시는 이여 10 찬송하리로다 오는 우리 조상 다윗의 나라여 가장 높은 곳에서 호
산나 하더라 11 예수께서 예루살렘에 이르러 성전에 들어가사 모든 것을 둘러 보시
고 때가 이미 저물매 열두 제자를 데리시고 베다니에 나가시니라

마음의 문을 열며

드디어 예수님은 예루살렘 가까이 오셨다. 이것은 마가복음에 기록된 예수님의 처음이자 마지막 예루살렘 방문이었다. 이날은 유대인의 안식일 후 첫날로 오늘의 주일에 해당된다. 예수 그리스도의 고난주간이 시작된 것이다. 그는 예루살렘에 입성할 때 나귀새끼를 타셨다. 자신이 평화의 왕이자 메시아이심을 처음으로 선포하시는 특별한 의미를 담은 행동이셨다.

말씀의 씨를 뿌리며

1 베다니에 와서 예수님은 제자들에게 무엇을 명령하셨는가?(2-3절)

2 나귀새끼를 끌고 오자 제자들과 군중들이 어떻게 하였는가?(7-10절)

3 제자들과 군중의 행동은 예수님을 어떤 분으로서 환영한 것이라 할 수 있는가? 그들이 외친 구호를 가지고 설명해 보자. '호산나'는 '지금 구원하소서'라는 의미다(9-10절).

4 예수님이 왜 어린 나귀를 타고 입성하셨는지 그 이유를 말하라. 군마를 타고 입성하는 세상 왕과의 차이점이 무엇이라고 생각하는가?(참고 / 슥 9:9)

5 예수님이 나귀를 타고 군중들의 열렬한 환영을 받으면서 입성하신 것은 자신이 메시아요 평화의 왕, 구원자임을 공공연히 알리기 위해 취한 행동이라고 할 수 있다. 얼마 전까지 이 사실이 공개되는 것을 꺼리신 예수님이 왜 이렇게 행동하셨을까?(참고 / 막 8:29-30)

6 놀랍게도 예수님을 열렬하게 환영하던 군중들이 며칠 안 되어 "십자가에 못 박게 하소서"라고 외치는 악한 폭도로 변하는 것을 볼 수 있다. 이것은 순간적인 감정과 흥분은 신앙일 수 없다는 사실을 보여 주는 좋은 사례가 된다. 이 점에 대해 당신은 어떻게 생각하는가?

7 '호산나' 라고 외치던 군중이 쉽게 예수님에게 등을 돌린 이유는 무엇이라고 생각하는가? 그리고 당신에게는 이런 위험이 도사리고 있지는 않는가?

8 날이 저물자 예수님은 예루살렘에서 밤을 보내지 않고 베다니로 돌아오셨다. 거기에는 누가 살고 있었는가? 그리고 왜 그곳에서 쉬기로 하셨다고 생각하는가?(참고 / 요 12:1 이하)

9 당신의 마음, 당신의 가정은 예수님이 피곤하여 쉴 곳을 찾으실 때 들를 수 있을 만하다고 생각하는가?(참고 / 계 3:20)

삶의 열매를 거두며

주님이 나귀새끼를 탄 겸손한 왕으로 오신 것은 죄로 인해 저주받은 우리를 구원하기 위해서였다. 겸손한 왕이 아니라면 어떻게 그가 우리를 위해 스스로 자기 목숨을 십자가에 내어 놓겠는가? 이 점에 대해 당신의 느낌이나 깨달은 점이 있다면 적어 보라.

Lesson 41

무화과나무를 저주하시다

마가복음 11:12-14, 20-25

12 이튿날 그들이 베다니에서 나왔을 때에 예수께서 시장하신지라 13 멀리서 잎사귀
있는 한 무화과나무를 보시고 혹 그 나무에 무엇이 있을까 하여 가셨더니 가서 보신
즉 잎사귀 외에 아무 것도 없더라 이는 무화과의 때가 아님이라 14 예수께서 나무에
게 말씀하여 이르시되 이제부터 영원토록 사람이 네게서 열매를 따 먹지 못하리라
하시니 제자들이 이를 듣더라 … 20 그들이 아침에 지나갈 때에 무화과나무가 뿌리
째 마른 것을 보고 21 베드로가 생각이 나서 여짜오되 랍비여 보소서 저주하신 무화
과나무가 말랐나이다 22 예수께서 그들에게 대답하여 이르시되 하나님을 믿으라
23 내가 진실로 너희에게 이르노니 누구든지 이 산더러 들리어 바다에 던져지라 하
며 그 말하는 것이 이루어질 줄 믿고 마음에 의심하지 아니하면 그대로 되리라 24 그
러므로 내가 너희에게 말하노니 무엇이든지 기도하고 구하는 것은 받은 줄로 믿으
라 그리하면 너희에게 그대로 되리라 25 서서 기도할 때에 아무에게나 혐의가 있거
든 용서하라 그리하여야 하늘에 계신 너희 아버지께서도 너희 허물을 사하여 주시
리라 하시니라

마음의 문을 열며

예수님이 예루살렘에 도착하신 지 이틀째 되는 날이다. 아침에 베다니를 떠나 예루살렘으로 들어오시다가 무화과나무를 저주하신 사건은 마가복음에 기록된 마지막 기적이다. 무화과나무가 하루 만에 말라 버렸기 때문에 기적에 해당하지만, 동시에 이 무화과나무가 이스라엘의 운명을 상징하고 있다는 점에서 하나의 비유라고도 할 수 있다. 이런 의미에서 이것은 매우 중요한 의미를 지니는 사건이다. 또한 예수님은 이 사건을 가지고 믿음의 기도가 갖는 능력이 얼마나 큰지를 제자들에게 교훈하고 계신다.

말씀의 씨를 뿌리며

1 예수님이 제자들과 함께 베다니에서 나오실 때 어떤 일이 있었는가? 이렇게 하신 이유는 무엇이라고 생각하는가?(12-13절)

2 잎만 무성하고 열매가 달리지 않은 무화과나무를 예수님이 어떻게 하셨는가? 그리고 그 결과 이 나무는 어떻게 되었는가?(14절, 20-21절)

3 본문에 등장하는 예수님의 언행은 다소 이상해 보인다. 당시는 4월로, 무화과를 따 먹으려면 적어도 6월은 되어야 한다. 따라서 그 나무에 무화과가 달려 있을 리 만무했다. 본문에서도 열매가 달려 있을 철이 아니라고 언급하고 있다. 그럼에도 불구하고 예수님이 무화과나무를 저주하신 것이다. 예수님이 왜 그렇게 하셨을까? 각자의 생각을 말해 보자.

4 무화과나무는 성경에서 이스라엘 나라를 지칭하는 경우가 많다. 그렇다면 잎만 무성하고 열매 하나 없는 무화과나무는 분명히 당시 이스라엘의 영적 상태를 잘 나타냈다고 할 수 있다. 신앙생활의 형식은 화려하게 남아 있었으나 마음은 하나님에게서 멀고 순종이 없는 불모 상태였다. 하나님의 아들을 영접하지 않고 거역하였다. 그러면서도 그들은 하나님의 뜻을 따른다고 큰소리 치고 있었다. 그래서 하나님은 빠른 시일 안에 이스라엘을 심판할 계획을 가지고 계셨다. 예수님은 심판이 가까웠고 그 심판이 임하면 이 나라가 뿌리째 말라버린 무화과나무처럼 될 것이라고 예언하기 위해 의도적으로 나무를 저주하신 것이다. 이 사실을 아래의 성구들을 가지고 정리해 보자.

- 호세아 9:10 /

- 마가복음 7:6 /

- 요한복음 1:11 /

- 누가복음 19:41-44 /

5 저주받은 무화과나무는 오늘을 사는 우리에게 어떤 교훈을 준다고 생각하는가?(참고 / 계 3:17; 눅 13:4-5)

6 예수님은 무화과나무를 마르게 하는 능력이 어디에서 나온 것이라고 말씀하셨는가?(22-23절)

7 여기서 산을 들어 바다에 던진다는 말은 무엇을 의미하는가? 유대 나라에서는 아주 어려운 진리를 해석한 랍비를 가리켜 산을 옮긴 사람이라고 불렀다.

8 우리는 예수님처럼 완전히 하나님을 신뢰할 수는 없다. 하지만 믿는다면 그 대상이 분명해야 하고 그 결과에 대해서도 흔들림이 없어야 한다. 24절을 가지고 왜 믿음이 기도와 불가분의 관계를 지니는지 설명해 보라.

9 무엇이든지 믿고 구하면 그대로 된다는 말씀도 사실은 조건적이라는 것을 알 수 있다. 25절을 가지고 이 사실을 설명하라.

삶의 열매를 거두며

예수님의 말씀을 종합해 보면, 믿음과 기도, 그리고 필요한 조건 이상 세 가지는 우리가 어떤 응답을 받기 위해 반드시 갖추어야 할 것임을 알 수 있다. 당신에게 이 세 가지 가운데 가장 문제가 되는 것은 무엇인가? 무엇이 기도 응답에 제일 큰 방해가 되는지 솔직하게 이야기해 보자.

Lesson 42

성전을 깨끗하게 하시다

마가복음 11:15-19, 27-33

15 그들이 예루살렘에 들어가니라 예수께서 성전에 들어가사 성전 안에서 매매하는
자들을 내쫓으시며 돈 바꾸는 자들의 상과 비둘기 파는 자들의 의자를 둘러 엎으시며
16 아무나 물건을 가지고 성전 안으로 지나다님을 허락하지 아니하시고 17 이에 가르
쳐 이르시되 기록된 바 내 집은 만민이 기도하는 집이라 칭함을 받으리라고 하지 아
니하였느냐 너희는 강도의 소굴을 만들었도다 하시매 18 대제사장들과 서기관들이
듣고 예수를 어떻게 죽일까 하고 꾀하니 이는 무리가 다 그의 교훈을 놀랍게 여기므
로 그를 두려워함일러라 19 그리고 날이 저물매 그들이 성 밖으로 나가더라 … 27 그
들이 다시 예루살렘에 들어가니라 예수께서 성전에서 거니실 때에 대제사장들과 서
기관들과 장로들이 나아와 28 이르되 무슨 권위로 이런 일을 하느냐 누가 이런 일 할
권위를 주었느냐 29 예수께서 이르시되 나도 한 말을 너희에게 물으리니 대답하라
그리하면 나도 무슨 권위로 이런 일을 하는지 이르리라 30 요한의 세례가 하늘로부
터냐 사람으로부터냐 내게 대답하라 31 그들이 서로 의논하여 이르되 만일 하늘로부
터라 하면 어찌하여 그를 믿지 아니하였느냐 할 것이니 32 그러면 사람으로부터라
할까 하였으나 모든 사람이 요한을 참 선지자로 여기므로 그들이 백성을 두려워하
는지라 33 이에 예수께 대답하여 이르되 우리가 알지 못하노라 하니 예수께서 이르
시되 나도 무슨 권위로 이런 일을 하는지 너희에게 이르지 아니하리라 하시니라

마음의 문을 열며

월요일 아침 성전에 들어가신 예수님은 그곳에서 상업 행위를 하는 자들을 전부 다 내어 쫓으셨다. 원래는 지방에서 오는 예배자들이 힘들게 제물을 먼 데서부터 끌고 오는 번거로움을 덜어주기 위해 성전 뜰에다 거래처를 허용했던 것이다. 그러나 그 규모가 점점 커짐에 따라 이권 문제가 따르게 되고 자연히 대제사장을 위시한 종교 지도자들이 직접, 간접으로 그 일에 관계를 하게 된 것이다. 돈 맛을 알게 된 지도자들은 성전이 하나님께 기도하는 곳이라는 사실에는 아랑곳하지 않고 한 푼이라도 더 많이 벌기 위해 눈에 불을 켜고 날뛰는 도적의 소굴로 만들어 버린 것이다. 채찍을 휘두르며 분노하시는 예수님을 못마땅하게 여긴 지도자들은 그를 함정에 몰아넣기 위해 음흉하게 권위 문제를 가지고 논쟁을 걸었다.

말씀의 씨를 뿌리며

1 예수님은 성전에 들어가서 무엇을 하셨는가? 특히 그의 행동을 표현하는 말들을 중심으로 살펴보자(15-16절).

2 요한복음 2장 17절에서는 성전을 깨끗하게 하시는 예수님의 모습을 보고 제자들이 주의 전을 사모하는 열심이 나를 삼키리라는 말씀을 기억했다고 전한다. 하나님을 위해 당신은 예수님처럼 분노해 본 적이 있는가? 오늘날 우리의 문제는, 하나님을 위해 분노를 느끼며 행동해야 할 일에 대해 입을 다물고 비겁하게 처신하는 데 있다고 보지 않는가? 각자의 생각을 말해 보라.

3 우리가 속해 있는 교회는 어떤가? 주님이 보실 때 하나님께 예배하고 순종하는 일보다 서로간의 이해관계, 이권 문제 등 다른 문제로 교회가 해야 할 본분에서 벗어나고 있는 경우가 없는지 반성해 보자.

4 예수님이 성전을 청결케 하는 것을 보고 대제사장과 서기관들은 어떻게 하였는가? 그리고 그 이유는 무엇이라고 생각하는가?(18절)

5 예수님의 행동을 못마땅하게 여기고 있던 대제사장과 서기관들은 다음 날 무슨 트집을 잡기 시작하였는가?(27-28절)

6 대제사장이 던진 질문에는 매우 음흉한 계교가 숨어 있었다. 그의 질문은 예수님을 딜레마에 빠뜨려 없애버릴 구실을 찾는 데 그 목적이 있었다. 당시 유대 지도자들은 그들의 집단에 소속된 자들의 권위만을 정통

성이 있는 것으로 인정하였다. 따라서 예수님의 대답을 가지고 트집을 잡아 성전을 청결케 한 행동이 불법이라는 것을 말하고 싶었던 것이다. 그리고 만일 예수님의 권위가 하나님으로부터 온 것이라고 대답하면, 자신을 하나님이라고 한다며 신성모독죄를 적용해서 죽일 수 있다고 보았던 것이다. 이러한 그들의 간교한 마음을 아신 주님은 무엇이라고 대답을 하셨는가?(29-30절)

7 예수님이 요한의 권위를 가지고 이야기하신 것은 요한의 권위와 예수님의 권위 모두 다 하나님이 주신 것이라는 점에서 일치하고 있었기 때문이다. 따라서 요한의 권위를 인정하는 자는 예수님의 권위를 인정하지 않을 수 없었다. 이제는 대제사장과 서기관들이 거꾸로 딜레마에 빠지게 되었다. 그들은 이 딜레마에서 벗어나기 위해 무엇이라고 수군거렸는가? 그리고 그들은 무엇이라고 대답했는가?(31-33절)

8 대제사장과 서기관들의 답변은 그들이 가지고 있었던 치명적인 약점을 드러내는 것이었다. 그것이 무엇인지 각자의 생각을 이야기해 보자.

9 우리는 어떤가? 현실적으로 자신이 불리하다 생각이 들면 양심적으로 진실이 어디에 있는가를 잘 알면서도 모른다고 시치미를 떼거나 부인한 일은 없는가?

삶의 열매를 거두며

결국 유대 지도자들이 예수님을 반대한 이유는 진리냐 비진리냐에 있었던 것이 아니다. 현실적으로 누리고 있는 권세와 부와 명예를 잃고 싶지 않았던 것이다. 그들은 무엇이 옳은가를 몰라서 악을 범한 자들이 아니다. 요한의 권세가 하나님으로부터 왔다는 것을 시인하면서도 그들은 따르지 않았다. 마찬가지로 그들은 예수님이 하나님이 보내신 메시아라는 사실을 알고 있었다. 그러나 고의적으로 그분을 배척하였다. 그들은 이것이 현실을 지혜롭게 사는 길이라고 보았던 것이다. 당신에게도 이런 문제가 남아 있지 않은지 솔직하게 이야기해 보자(참고 / 요 3:1-2).

Lesson 43

최후로 그 아들을 보내시다

마가복음 12:1-17

1 예수께서 비유로 그들에게 말씀하시되 한 사람이 포도원을 만들어 산울타리로 두
르고 즙 짜는 틀을 만들고 망대를 지어서 농부들에게 세로 주고 타국에 갔더니 2 때
가 이르매 농부들에게 포도원 소출 얼마를 받으려고 한 종을 보내니 3 그들이 종을
잡아 심히 때리고 거저 보내었거늘 4 다시 다른 종을 보내니 그의 머리에 상처를 내
고 능욕하였거늘 5 또 다른 종을 보내니 그들이 그를 죽이고 또 그 외 많은 종들도 더
러는 때리고 더러는 죽인지라 6 이제 한 사람이 남았으니 곧 그가 사랑하는 아들이
라 최후로 이를 보내며 이르되 내 아들은 존대하리라 하였더니 7 그 농부들이 서로
말하되 이는 상속자니 자 죽이자 그러면 그 유산이 우리 것이 되리라 하고 8 이에 잡
아 죽여 포도원 밖에 내던졌느니라 9 포도원 주인이 어떻게 하겠느냐 와서 그 농부
들을 진멸하고 포도원을 다른 사람들에게 주리라 10 너희가 성경에 건축자들이 버린
돌이 모퉁이의 머릿돌이 되었나니 11 이것은 주로 말미암아 된 것이요 우리 눈에 놀
랍도다 함을 읽어 보지도 못하였느냐 하시니라 12 그들이 예수의 이 비유가 자기들
을 가리켜 말씀하심인 줄 알고 잡고자 하되 무리를 두려워하여 예수를 두고 가니라
13 그들이 예수의 말씀을 책잡으려 하여 바리새인과 헤롯당 중에서 사람을 보내매
14 와서 이르되 선생님이여 우리가 아노니 당신은 참되시고 아무도 꺼리는 일이 없
으시니 이는 사람을 외모로 보지 않고 오직 진리로써 하나님의 도를 가르치심이니

이다 가이사에게 세금을 바치는 것이 옳으니이까 옳지 아니하니이까 15 우리가 바치
리이까 말리이까 한대 예수께서 그 외식함을 아시고 이르시되 어찌하여 나를 시험
하느냐 데나리온 하나를 가져다가 내게 보이라 하시니 16 가져왔거늘 예수께서 이르
시되 이 형상과 이 글이 누구의 것이냐 이르되 가이사의 것이니이다 17 이에 예수께
서 이르시되 가이사의 것은 가이사에게, 하나님의 것은 하나님께 바치라 하시니 그
들이 예수께 대하여 매우 놀랍게 여기더라

마음의 문을 열며

예수님은 권위 문제를 가지고 자기에게 도전한 유대 지도자들을 한마디도 못하게 만드셨다. 그런 다음 그들이 어떤 점에서 악한 지도자들이며 그 결과 그들이 받을 심판이 얼마나 무서운지를 악한 농부의 비유를 가지고 무리들에게 말씀하셨다. 그리고 그들이 없애 버리려고 하는 예수님 자신은 최후의 승리자가 될 것이라는 사실을 선언하셨다. 한편 유대 지도자들은 점점 궁지에 몰리고 있었다. 그래서 어떻게 해서라도 예수님을 덫에 걸리게 하려고 집요하게 매달렸다. 그들이 화요일에 예수님을 시험한 세 가지 질문은 예수님을 함정에 빠뜨리려고 만든 것이었다. 오늘은 그들이 던진 첫 번째 질문을 살펴보도록 하자.

말씀의 씨를 뿌리며

1 악한 농부의 비유를 다시 정리해 보라. 비유에 나오는 포도원과 인물들은 누구를 가리키는 것인가?(1-9절)

- 포도원 /
- 포도원 주인 /
- 농부들 /
- 종들 /
- 주인의 아들 /

2 유대 종교 지도자들이 선지자들을 얼마나 잔혹하게 핍박하고 죽였는지 마지막 선지자 세례 요한의 예를 가지고 말하라(참고 / 막 6:14-29).

3 예수님은 이 비유를 가지고 자신의 죽음을 어떻게 예언하고 있는가? 그리고 자신은 하나님이 보내신 최후의 선지자요 마지막 통첩이라는 사

실을 어떻게 말씀하고 있는가?(6-8절)

4 비유에 등장하는 농부들은 하나님이 자기 종들을 보내면 보낼수록 더 포악해지고 있다. 그렇게 말할 수 있는 근거를 본문에서 찾아보라. 그들이 회개하기보다 더 완악해지는 이유가 무엇이라고 생각하는가?

5 모퉁이의 머릿돌 비유를 설명하라. 이것은 누구를 가리키는 것이며 그 의미는 무엇인가?(10-11절)

6 유대 지도자들은 예수님의 비유가 자기들을 가리켜 말씀하신 줄을 알았다고 한다. 그러나 가책을 받고 회개하기는커녕, 예수님을 죽일 생각만 하는 것을 볼 수 있다. 이 사실을 놓고 각자 느끼는 바가 있으면 말해보라(12절).

7 예수님께 당하기만 하던 유대 지도자들은 아주 간교한 계략을 꾸미기 시작했다. 몇 가지 질문을 통해 예수님이 하신 말씀을 가지고 예수님을 덫에 빠뜨리고자 한 것이다. 그렇게 해서 무리들이 예수님으로부터 등을 돌리면 체포한다는 속셈이었다. 그들이 들고 나온 첫 번째 질문은 무엇인가?(14-15절)

8 당시 로마 정부에 바치는 세금에 대해 바리새파를 지지하는 사람들과 헤롯 당원을 지지하는 사람들의 견해가 각각 달랐다. 바리새인들은 하나님의 선민인 이스라엘의 왕은 하나님뿐이므로 이방 임금에게 세금을 바치는 것은 잘못이라고 했다. 한편 헤롯 당원들은 황제의 시민이 세금을 내는 것은 당연하다는 입장을 취하고 있었다. 그러므로 당시에는 누구든지 세금 문제를 공개적으로 언급하기를 꺼려하였다. 예수님은 어떤 대답으로 그 함정을 벗어나셨는가?(16-17절)

9 가이사의 것은 가이사에게, 하나님의 것은 하나님께 바치라는 말씀의 의미는 무엇인가?

10 요즈음 그리스도인들 가운데서도 세금을 속이거나 내지 않으려고 거짓말을 하는 경향을 볼 수 있다. 그들은 세금이 공정하지 않다거나 착취한다는 말로써 자신의 행동을 합리화한다. 심지어 선교헌금을 내기 위해서 그렇게 한다는 말까지 한다. 하지만 그리스도인이 세상에 있는 동안, 세상 정부의 보호를 받고 도움을 입는 이상 세금의 의무를 충실히 지켜야 한다. 가이사에게 받은 것이 있으면 그에 따르는 의무를 지키는 것이 당연하다. 당신은 어떻게 생각하는가?

삶의 열매를 거두며

하나님의 자녀는 세상 국가에 세금을 내는 것으로 만족하면 안 된다. 하나님의 것을 하나님께 바치는 의무를 잊어서는 안 된다. 건전한 시민정신은 하나님을 향한 신실한 예배와 봉사와 사랑을 통해 기대할 수 있는 것이다. 당신은 하나님의 것을 하나님께 돌리기 위해 무엇을 하고 있는가? 그리고 가이사에게 돌리는 것과 하나님께 돌리는 것 가운데 어느 것을 우선에 두고 있는가? 구체적인 예를 가지고 이야기해 보자.

Lesson 44

이보다 더 큰 계명은 없다

마가복음 12:18-34

18 부활이 없다 하는 사두개인들이 예수께 와서 물어 이르되 19 선생님이여 모세가
우리에게 써 주기를 어떤 사람의 형이 자식이 없이 아내를 두고 죽으면 그 동생이 그
아내를 취하여 형을 위하여 상속자를 세울지니라 하였나이다 20 칠 형제가 있었는데
맏이가 아내를 취하였다가 상속자가 없이 죽고 21 둘째도 그 여자를 취하였다가 상
속자가 없이 죽고 셋째도 그렇게 하여 22 일곱이 다 상속자가 없었고 최후에 여자도
죽었나이다 23 일곱 사람이 다 그를 아내로 취하였으니 부활 때 곧 그들이 살아날 때
에 그 중의 누구의 아내가 되리이까 24 예수께서 이르시되 너희가 성경도 하나님의
능력도 알지 못하므로 오해함이 아니냐 25 사람이 죽은 자 가운데서 살아날 때에는
장가도 아니 가고 시집도 아니 가고 하늘에 있는 천사들과 같으니라 26 죽은 자가 살
아난다는 것을 말할진대 너희가 모세의 책 중 가시나무 떨기에 관한 글에 하나님께
서 모세에게 이르시되 나는 아브라함의 하나님이요 이삭의 하나님이요 야곱의 하나
님이로라 하신 말씀을 읽어보지 못하였느냐 27 하나님은 죽은 자의 하나님이 아니요
산 자의 하나님이시라 너희가 크게 오해하였도다 하시니라 28 서기관 중 한 사람이
그들이 변론하는 것을 듣고 예수께서 잘 대답하신 줄을 알고 나아와 묻되 모든 계명
중에 첫째가 무엇이니이까 29 예수께서 대답하시되 첫째는 이것이니 이스라엘아 들
으라 주 곧 우리 하나님은 유일한 주시라 30 네 마음을 다하고 목숨을 다하고 뜻을

다하고 힘을 다하여 주 너의 하나님을 사랑하라 하신 것이요 31 둘째는 이것이니 네
이웃을 네 자신과 같이 사랑하라 하신 것이라 이보다 더 큰 계명이 없느니라 32 서기
관이 이르되 선생님이여 옳소이다 하나님은 한 분이시요 그 외에 다른 이가 없다 하
신 말씀이 참이니이다 33 또 마음을 다하고 지혜를 다하고 힘을 다하여 하나님을 사
랑하는 것과 또 이웃을 자기 자신과 같이 사랑하는 것이 전체로 드리는 모든 번제물
과 기타 제물보다 나으니이다 34 예수께서 그가 지혜 있게 대답함을 보시고 이르시
되 네가 하나님의 나라에서 멀지 않도다 하시니 그 후에 감히 묻는 자가 없더라

마음의 문을 열며

바리새인과 헤롯 당원들이 실패하자 이번에는 그 당시 막강한 세력을 휘두르고 있던 사두개인들이 찾아왔다. 그들 역시 자신들의 교리에 대한 질문을 가지고 예수님을 함정에 빠뜨릴 계교를 꾸몄다. 그러나 그들이 한마디도 못하고 돌아가자 유식한 서기관이 찾아와 예수님의 성경 실력을 시험하는 것을 볼 수 있다. 백성들이 다 지켜보는 앞에서 어려운 질문을 가지고 예수님을 난처하게 만들려는 속셈이었던 것 같다. 아무튼 유대 지도자들은 자기들의 소속과 주장이 서로 달랐음에도 불구하고 예수를 죽이기 위해서는 하나가 되어 움직이는 것을 볼 수 있다. 실로 험악한 분위기였지만 주님은 세상을 떠나기 전에 한 말씀이라도 더 백성들에게 가르치려고 혼신의 힘을 기울이고 계신 것을 볼 수 있다.

말씀의 씨를 뿌리며

1 사두개인들에 대해 아는 바를 말하라. 교리에 있어서 그들의 다른 점은 무엇이었나?(18절, 참고 / 행 23:8)

2 예수님 당시나 지금이나 내세를 믿지 않으려는 자들은 공통점을 가지고 있다. 어떤 점에서 그들이 비슷하다고 생각하는가?

3 사두개인들이 늘어놓은 이야기를 간단히 정리해 보라. 그리고 그들의 궤변을 놓고 당신이 느끼는 점을 말해 보라(19-23절, 참고 / 신 25:5-10).

4 예수님은 사두개인들이 내세의 생명과 부활을 믿지 못하는 이유로 두 가지를 지적하셨다(24절). 각각을 설명해 보라.

- **하나님의 능력을 모름(25절) /**

- **성경을 모름(26-27절) /**

5 당신은 내세의 생명과 죽은 자의 부활에 대해 확실한 믿음이 있는가? 이 문제에 대해 조금이라도 미흡한 점이 있으면 솔직하게 털어 놓고 이야기해 보자.

6 서기관이 예수님께 던진 질문이 무엇인가? 그리고 예수님은 무엇이라고 대답하셨는가?(28-31절)

7 왜 계명의 첫째가 사랑일까? 십계명의 첫 돌판에 해당하는 1-4계명은 전부 하나님 사랑에, 두 번째 돌판에 기록된 5-10계명은 전부 이웃 사랑에 포함된다고 할 수 있다. 그 이유를 설명해 보라(참고 / 롬 13:8-10).

8 하나님과 이웃을 사랑하라는 예수님의 말씀 앞에 가책을 받지 않을 만한 사람은 아무도 없다. 각자 어떤 점이 가장 걸리는지 고백해 보라.

9 예수님의 말씀에 전적으로 공감하는 서기관에게 예수님은 무엇이라고 칭찬하셨는가?(34절)

10 주님이 칭찬하신 것으로 보아 하나님의 나라가 가까운 사람은 어떤 사람인가? 그리고 당신도 그런 사람이라고 말할 수 있는지 실례를 들어 말해 보라.

삶의 열매를 거두며

예수님을 대항하던 자들이 드디어 모두 다 조용해졌다. 더 이상 감히 묻는 자가 없었다. 예수님을 찾는 사람 가운데 인생의 문제를 해결 받지 않고 떠나는 자가 없다. 어떤 어려운 문제라도 예수님을 통해 풀리지 않는 것이 없다. 당신도 이 말에 동의하는가? 동의한다면 어떻게 이렇게 장담할 수 있는지 각자 이야기해 보라.

Lesson **45**

예수는 하나님이시다

마가복음 12:35-44

35 예수께서 성전에서 가르치실새 대답하여 이르시되 어찌하여 서기관들이 그리스
도를 다윗의 자손이라 하느냐 36 다윗이 성령에 감동되어 친히 말하되 주께서 내 주
께 이르시되 내가 네 원수를 네 발 아래에 둘 때까지 내 우편에 앉았으라 하셨도다
하였느니라 37 다윗이 그리스도를 주라 하였은즉 어찌 그의 자손이 되겠느냐 하시니
많은 사람들이 즐겁게 듣더라 38 예수께서 가르치실 때에 이르시되 긴 옷을 입고 다
니는 것과 시장에서 문안 받는 것과 39 회당의 높은 자리와 잔치의 윗자리를 원하는
서기관들을 삼가라 40 그들은 과부의 가산을 삼키며 외식으로 길게 기도하는 자니
그 받는 판결이 더욱 중하리라 하시니라 41 예수께서 헌금함을 대하여 앉으사 무리
가 어떻게 헌금함에 돈 넣는가를 보실새 여러 부자는 많이 넣는데 42 한 가난한 과부
는 와서 두 렙돈 곧 한 고드란트를 넣는지라 43 예수께서 제자들을 불러다가 이르시
되 내가 진실로 너희에게 이르노니 이 가난한 과부는 헌금함에 넣는 모든 사람보다
많이 넣었도다 44 그들은 다 그 풍족한 중에서 넣었거니와 이 과부는 그 가난한 중에
서 자기의 모든 소유 곧 생활비 전부를 넣었느니라 하시니라

마음의 문을 열며

자신을 시험하던 자들이 잠잠해지자 예수님은 가장 본질적인 질문 하나를 던지셨다. 그것은 바리새인과 헤롯인 그리고 사두개인들이 왜 예수님에 대해 실족하였는지를 정확하게 지적하는 질문이었다. 그들은 예수 그리스도가 하나님이심을 믿으려 하지 않았고, 결국 걷잡을 수 없는 혼란 속으로 빠져 들고 말았다. 성경을 가르치는 랍비인 서기관들은 예수님에 대해 바로 알지 못했기 때문에 자신들은 말할 것도 없고 그들에게 배우는 사람들까지 멸망의 길로 끌고 갔다. 따라서 예수님이 제자들을 향해 서기관들을 주의하라고 특별히 경계하신 것은 조금도 이상한 일이 아니다.

말씀의 씨를 뿌리며

1 예수님이 던진 질문의 내용이 무엇인지 말해 보라. 질문의 핵심은 무엇인가?(35-37절, 참고 / 시 110:1)

2 당신은 이 질문에 대해 어떻게 대답할 수 있는가? 아래의 성구를 가지고 말해 보라.

- 요한복음 8:57-58 /
- 골로새서 1:15-17 /

3 마태복음 22장 46절을 보면 바리새인들이 이 질문에 한마디도 대답지 못했다고 기록하고 있다. 왜 그들이 대답할 수 없었다고 생각하는가?(참고 / 요 10:33)

4 오늘날도 예수님의 신성을 믿지 않으려는 자들은 성경에 기록된 많은 내용을 거부한다. 당신은 예수님이 사람이면서 동시에 하나님이시라는 사실을 어떻게 믿게 되었는가?

5 예수님은 제자들에게 서기관을 조심하라고 경고하셨다. 그들이 어떤 점에서 위험한지 말해 보라(38-40절).

6 당신은 신앙인으로서 사람들에게 문안 받고 상석에 앉는 문제로 시험에 빠진 적은 없는가? 그리고 어떤 경우에 이런 시험에 잘 빠지게 되는지 생각해 보라.

7 지금도 교회 안에는 사람의 눈을 의식하고 위선하는 사례들이 많다. 게다가 하나님께 길게 기도하는 사람이 과부를 착취하는 등 이율배반적

인 현상마저도 일어난다. 이러한 현실을 놓고 각자가 느끼는 점을 말해 보라.

8 예수님이 연보 궤 앞에서 발견한 사실은 무엇인가?(41-42절)

9 예수님은 왜 부자의 많은 헌금보다 과부의 보잘것없는 헌금을 칭찬하셨는가? 그리고 하나님과 사람이 헌금에 대해 중시하는 부분이 어떻게 다른가?(43-44절)

삶의 열매를 거두며

이 시간 배운 말씀 가운데 새롭게 깨닫거나 느껴진 사실이 있다면 다시 한 번 정리해 보자. 그리고 새롭게 도전받은 것이 있다면 함께 나누고 기도하는 시간을 갖자.

Lesson 46

끝까지 견디는 자는 구원을 받으리라

마가복음 13:1-13

1 예수께서 성전에서 나가실 때에 제자 중 하나가 이르되 선생님이여 보소서 이 돌
들이 어떠하며 이 건물들이 어떠하니이까 2 예수께서 이르시되 네가 이 큰 건물들을
보느냐 돌 하나도 돌 위에 남지 않고 다 무너뜨려지리라 하시니라 3 예수께서 감람
산에서 성전을 마주 대하여 앉으셨을 때에 베드로와 야고보와 요한과 안드레가 조
용히 묻되 4 우리에게 이르소서 어느 때에 이런 일이 있겠사오며 이 모든 일이 이루
어지려 할 때에 무슨 징조가 있사오리이까 5 예수께서 이르시되 너희가 사람의 미혹
을 받지 않도록 주의하라 6 많은 사람이 내 이름으로 와서 이르되 내가 그라 하여 많
은 사람을 미혹하리라 7 난리와 난리의 소문을 들을 때에 두려워하지 말라 이런 일
이 있어야 하되 아직 끝은 아니니라 8 민족이 민족을, 나라가 나라를 대적하여 일어
나겠고 곳곳에 지진이 있으며 기근이 있으리니 이는 재난의 시작이니라 9 너희는 스
스로 조심하라 사람들이 너희를 공회에 넘겨 주겠고 너희를 회당에서 매질하겠으며
나로 말미암아 너희가 권력자들과 임금들 앞에 서리니 이는 그들에게 증거가 되려
함이라 10 또 복음이 먼저 만국에 전파되어야 할 것이니라 11 사람들이 너희를 끌어
다가 넘겨 줄 때에 무슨 말을 할까 미리 염려하지 말고 무엇이든지 그 때에 너희에게
주시는 그 말을 하라 말하는 이는 너희가 아니요 성령이시니라 12 형제가 형제를, 아
버지가 자식을 죽는 데에 내주며 자식들이 부모를 대적하여 죽게 하리라 13 또 너희

가 내 이름으로 말미암아 모든 사람에게 미움을 받을 것이나 끝까지 견디는 자는 구원을 받으리라

마음의 문을 열며

마지막으로 성전에서 나가신 예수님은 제자들과 함께 감람산 맞은편에 앉으신 후 예루살렘의 종말을 예언하셨다. 제자들은 예수님께 성전이 언제 무너질지 물었으며, 예수님은 대답으로 지구의 종말과 자신의 재림에 대해 말씀하셨다. 우리가 배우려는 13장은 해석상 매우 어려운 말씀이다. 예루살렘의 종말을 가리키는 것인지 아니면 지구의 종말을 언급하는 것인지 구별하기 어려운 대목이 있기 때문이다. 비록 우리가 그 내용을 완벽하게 이해할 수는 없지만, 주님이 말씀하시려는 핵심은 분명하다. 우리는 성령의 인도하심을 겸손하게 기다려야 할 것이다. 그리고 종말론에 관해 신학적으로 다른 견해를 가진 사람들이 있으면 서로 용납하고 존중해야 할 것이다. 말세에 관한 예언을 이해하는 데 가장 나쁜 장애물은 독선이라는 사실을 잊지 말아야 한다.

말씀의 씨를 뿌리며

1 성전을 떠나면서 제자들은 무엇을 자랑하였는가? 그리고 왜 그랬는지 생각해 보라(1절).

2 제자들의 자랑에 대해 예수님은 무엇이라고 답하셨는가? 그리고 그 의미는 무엇인가?(2절)

3 예수님이 성전을 보시는 시각과 제자들이 보는 시각 사이에는 엄청난 차이가 있음을 볼 수 있다. 그리스도인과 불신자 사이에도 세상을 보는 시각이 이렇게 다를 수 있다. 당신은 이것을 어떻게 생각하는가? 그 예를 한 가지 들어보라.

4 예수님의 대답에 궁금증이 생긴 제자들은 감람 산에서 다시 질문했다. 그들이 질문한 두 가지는 무엇인가?(4절)

5 예수님은 먼저 미혹을 받지 않도록 주의하라고 경고하신다.(5절) 이것은 예루살렘 멸망이 임박하든 세상 종말이 다가오든 어느 때든지 경계해야 할 시험으로 말씀하시는 것이라 볼 수 있다. 거짓 선지자들이 어떻게 그리스도인들을 미혹한다고 말씀하셨는가?(6절)

6 왜 거짓 선지자들의 메시지가 사람들의 마음을 사로잡을 만큼 설득력을 가진다고 보는가? 오늘날 우리 수변에서도 비슷한 메시지를 가지고 위기의식을 고조시키며 사람들을 유혹하고 있는 사례들이 많다. 그 가운데 하나를 예로 들면서 답해 보라.

7 주님은 천재지변과 많은 전쟁들에 대해 어떻게 말씀하시고 계는가?(7-8절)

8 9-13절의 내용을 다시 한 번 정리해 보라. 예수님이 경고하신 두 번째 내용의 핵심은 먼저 복음이 모든 족속에게 증거되기 전에는 세상 종말이 오지 않는다는 것이다. 또한 복음은 많은 핍박을 통해서 증거된다는 것이다. 그렇다면 이 두 가지 점에 대해 스스로 조심할 것이 무엇인지 말하라(10, 13절).

9 하나님은 복음이 더욱 빠르게 전파되도록 하시기 위해 종종 핍박과 환란을 이용하셨다. 이는 기독교 역사상 자주 일어났으며, 이를 보여 주는 가장 좋은 사례는 예루살렘 교회라고 할 수 있다. 왜 그렇게 말할 수 있는지 설명해 보라(참고 / 행 8:1).

삶의 열매를 거두며

11절 말씀은 우리에게 많은 위로와 힘을 준다. 이 말씀을 통해 당신은 무엇을 배울 수 있는가? 그리고 만일 당신이 복음을 전하다가 핍박을 당하게 된다면 이 말씀을 믿고 담대히 나아갈 수 있는지 각자 솔직하게 나눠보라.

Lesson 47

주의하라 깨어 있으라

마가복음 13:14-37

14 멸망의 가증한 것이 서지 못할 곳에 선 것을 보거든 (읽는 자는 깨달을진저) 그 때
에 유대에 있는 자들은 산으로 도망할지어다 15 지붕 위에 있는 자는 내려가지도 말
고 집에 있는 무엇을 가지러 들어가지도 말며 16 밭에 있는 자는 겉옷을 가지러 뒤로
돌이키지 말지어다 17 그 날에는 아이 밴 자들과 젖먹이는 자들에게 화가 있으리로
다 18 이 일이 겨울에 일어나지 않도록 기도하라 19 이는 그 날들이 환난의 날이 되겠
음이라 하나님께서 창조하신 시초부터 지금까지 이런 환난이 없었고 후에도 없으리
라 20 만일 주께서 그 날들을 감하지 아니하셨더라면 모든 육체가 구원을 얻지 못할
것이거늘 자기가 택하신 자들을 위하여 그 날들을 감하셨느니라 21 그 때에 어떤 사
람이 너희에게 말하되 보라 그리스도가 여기 있다 보라 저기 있다 하여도 믿지 말라
22 거짓 그리스도들과 거짓 선지자들이 일어나서 이적과 기사를 행하여 할 수만 있
으면 택하신 자들을 미혹하려 하리라 23 너희는 삼가라 내가 모든 일을 너희에게 미
리 말하였노라 24 그 때에 그 환난 후 해가 어두워지며 달이 빛을 내지 아니하며
25 별들이 하늘에서 떨어지며 하늘에 있는 권능들이 흔들리리라 26 그 때에 인자가
구름을 타고 큰 권능과 영광으로 오는 것을 사람들이 보리라 27 또 그 때에 그가 천
사들을 보내어 자기가 택하신 자들을 땅 끝으로부터 하늘 끝까지 사방에서 모으리
라28 무화과나무의 비유를 배우라 그 가지가 연하여지고 잎사귀를 내면 여름이 가까

운 줄 아나니 29 이와 같이 너희가 이런 일이 일어나는 것을 보거든 인자가 가까이
곧 문 앞에 이른 줄 알라 30 내가 진실로 너희에게 말하노니 이 세대가 지나가기 전
에 이 일이 다 일어나리라 31 천지는 없어지겠으나 내 말은 없어지지 아니하리라
32 그러나 그 날과 그 때는 아무도 모르나니 하늘에 있는 천사들도, 아들도 모르고 아
버지만 아시느니라 33 주의하라 깨어 있으라 그 때가 언제인지 알지 못함이라 34 가
령 사람이 집을 떠나 타국으로 갈 때에 그 종들에게 권한을 주어 각각 사무를 맡기며
문지기에게 깨어 있으라 명함과 같으니 35 그러므로 깨어 있으라 집 주인이 언제 올
는지 혹 저물 때일는지, 밤중일는지, 닭 울 때일는지, 새벽일는지 너희가 알지 못함
이라 36 그가 홀연히 와서 너희가 자는 것을 보지 않도록 하라 37 깨어 있으라 내가
너희에게 하는 이 말은 모든 사람에게 하는 말이니라 하시니라

마음의 문을 열며

예수님은 당시의 제자들과 오늘을 사는 우리가 미혹당하지 않도록 조심해야 할 것들을 미리 말씀하셨다. 그런 다음 이제는 예루살렘 멸망 직전에 일어날 끔찍한 일들을 구체적으로 예언하셨다. 그리고 그 사실들을 가지고 자신의 재림 시에 일어날 사건들을 함께 묘사하셨다. 그렇다면 우리는 어떻게 말세를 준비해야 할까? 오직 깨어 있는 것만이 가장 안전한 길이라고 주님은 몇 번이고 힘주어 말씀하고 계신다. 만약 졸고 있다면 이 시간 정신을 차리고 깨어 있어야 할 것이다.

말씀의 씨를 뿌리며

1 아래의 글은 멸망의 가증한 것에 대한 설명이다. 멸망의 가증한 것이 나타나면 무엇을 하라고 말씀하셨는가?(14절)

멸망의 가증한 것에 대해서는 다니엘이 제일 처음으로 말하였다. 이것은 원래 이교도의 우상숭배와 가증스러운 일들을 가리켰다. 그런데 이 가증한 것들이 어느 날 거룩한 하나님의 성전을 더럽히고 짓밟게 될 것을 예언하고 있다. 다니엘의 예언이 처음으로 성취된 것은 B. C. 167년 시리아의 통치자 안티오커스 에피파네스가 성전을 모독한 사건에서 나타났다. 예수님의 예언은 A. D. 70년 예루살렘 성전이 파괴되면서 우상과 제물로 더러워질 것을 가리킨 것이었다. 그리고 예수님 재림 시에는 하나님의 교회를 유린하고 모독하는 적그리스도를 통해서 이 사실이 다시 한 번 성취될 것이다(참고 / 단 9:27, 11:31, 12:11).

2 그때는 하나님의 백성들이 큰 핍박을 당하는 대환란의 기간이라 할 수 있다. 이때 우리가 마음을 빼앗기지 않도록 주의해야 할 것은 무엇인가?(15-16절)

3 아래의 글은 대환란기에 대한 글이다. 대환란기가 되면 누가 더 극성을 부리는가? 그리고 그 이유는 어디에 있는가?(22절)

대환란기에 대해서는 두 가지 입장이 서로 맞서고 있다. 교회는 대환란 전에 휴거를 당한다는 학설이 있는가 하면 대 환란을 다 치르고 휴거를 한다는 학설이 있다. 우리는 어느 편의 것이 정확한지를 성급하게 말하지 않는 것이 좋다. 두 학설이 전부 다 성경에 근거를 둔 매우 타당한 요소를 가지고 있기 때문이다. 그러나 양편 모두 아직은 다 풀지 못하고 있는 난제들을 안고 씨름하고 있다는 점을 기억할 필요가 있다. 놀랍게도 말세와 재림 시에 일어날 사건에 대해서는 누구도 자기만이 완전하게 깨달았다는 거만을 떨지 못하도록 하나님께서 난해한 문제들을 그대로 남겨두신 것을 볼 수 있다.

4 주님의 재림 시 어떤 징조가 나타나는가? 그리고 재림하신 주님은 무엇을 먼저 하시는가?(24-27절)

5 당신은 주님이 말씀하신 일들이 실제로 눈앞에서 일어나리라는 것을 굳게 믿고 있는가? 만일 의심이 남아 있다면 31절의 말씀을 가지고 깨달은 바를 말하라.

6 무화과나무 비유는 재림이 가까워지면 반드시 그것을 알아볼 수 있는 징조들이 있을 것을 가르치고 있다. 당신은 지금 예수님의 재림이 매우 가까웠다고 보는가? 그렇다면 실제적인 징조가 있어야 할 것이다. 한두 가지만 말해 보라.

7 하나님이 마지막까지 비밀의 베일에 가려 놓기로 하신 것 한 가지는 무엇인가?(32절)

8 당신은 재림의 정확한 때를 가르치는 사람의 미혹을 받은 일이 있는가? 있다면 이야기해 보라. 그리고 이렇게 가르치는 거짓 선지자들을 당신은 어떻게 생각하는가?

9 말세를 기다리는 우리에게 경각심을 주시기 위해 예수님이 반복해서 말씀하신 것은 무엇인가?(33, 35, 37절)

10 36절의 주인이 올 때 잔다는 것은 무슨 의미인가? 재림을 기다리는 우리는 어떻게 살아야 하는가?(참고 / 눅 21:34)

삶의 열매를 거두며

오늘 말씀을 배우면서 당신은 재림을 기다리는 자로서 마음에 가책을 받는 것이 없는가? 있으면 솔직하게 털어놓고 함께 기도하자.

Lesson 48

모함과 배신, 그리고 충성

마가복음 14:1-11

1 이틀이 지나면 유월절과 무교절이라 대제사장들과 서기관들이 예수를 흉계로 잡
아 죽일 방도를 구하며 2 이르되 민란이 날까 하노니 명절에는 하지 말자 하더라 3 예
수께서 베다니 나병환자 시몬의 집에서 식사하실 때에 한 여자가 매우 값진 향유 곧
순전한 나드 한 옥합을 가지고 와서 그 옥합을 깨뜨려 예수의 머리에 부으니 4 어떤
사람들이 화를 내어 서로 말하되 어찌하여 이 향유를 허비하는가 5 이 향유를 삼백
데나리온 이상에 팔아 가난한 자들에게 줄 수 있었겠도다 하며 그 여자를 책망하는
지라 6 예수께서 이르시되 가만 두라 너희가 어찌하여 그를 괴롭게 하느냐 그가 내
게 좋은 일을 하였느니라 7 가난한 자들은 항상 너희와 함께 있으니 아무 때라도 원
하는 대로 도울 수 있거니와 나는 너희와 항상 함께 있지 아니하리라 8 그는 힘을 다
하여 내 몸에 향유를 부어 내 장례를 미리 준비하였느니라 9 내가 진실로 너희에게
이르노니 온 천하에 어디서든지 복음이 전파되는 곳에는 이 여자가 행한 일도 말하
여 그를 기억하리라 하시니라 10 열둘 중의 하나인 가룟 유다가 예수를 넘겨 주려고
대제사장들에게 가매 11 그들이 듣고 기뻐하여 돈을 주기로 약속하니 유다가 예수를
어떻게 넘겨 줄까 하고 그 기회를 찾더라

마음의 문을 열며

예루살렘에 입성하신 그날부터 예수님은 나라 지도자들로부터 끊임없는 도전을 받으며 바쁜 며칠을 보내셨다. 그러나 유월절 이틀 전인 수요일에는 베다니에 머물러 계셨던 것 같다. 그날 유대 지도자들은 예수님을 죽일 음흉한 모의를 하고 있었고 가룟 유다는 스승을 팔 구체적인 계획을 실천에 옮기고 있었다. 모의와 배신이 진행되고 있던 긴장된 분위기 속에서 우리는 예수님의 마음을 위로한 마리아의 아름다운 행동을 보게 된다. 가장 고독하고 어려웠을 때 주님에게 위로와 기쁨이 되어 준 사람은 오직 가냘픈 여성 한 명뿐이었다.

말씀의 씨를 뿌리며

1 대제사장과 서기관들은 무슨 모의를 하고 있었는가?(1-2절)

2 원수들이 혈안이 되어 죽일 방책을 찾고 있을 동안 주님은 베다니에서 조용히 쉬면서 마음의 준비를 하고 계셨다. 그때 예수님을 식사에 초대한 사람은 나병환자 시몬이었다. 시몬을 나병환자라고 부른 것은 한때 그 병으로 고생하다 예수님께 고침을 받은 사람이기 때문인 것 같다. 시몬의 집에서 식사를 하는 도중 무슨 일이 일어났는가?(3-4절)

3 여인이 예수님의 머리에 쏟은 나드 한 옥합은 그 가치가 얼마나 되는가? 그리고 제자들은 이런 여인의 행동을 보고 어떤 반응을 보였는가?(4-5절)

4 만약 당신이 그 자리에 있었다면 이 여인의 행동에 대해 어떤 반응을 보였겠는가? 제자들처럼 반응했을 가능성이 크다고 생각하지 않는가?

5 예수님은 마리아의 입장을 옹호하며 그녀가 자기에게 매우 좋은 일을 했다고 말씀하셨다. 그것이 왜 좋은 일인지 설명해 보라(6-8절).

6 우리가 주님을 진실한 마음으로 섬기려고 하면 적어도 다음 몇 가지에 대해서는 확신이 있어야 한다. 당신은 어떤가? 각자 자신의 입장을 말해 보라.

- 예수님을 위하는 일이라면 아무리 많이 바쳐도 허비가 아니다 /

- 예수님께 드리는 헌금은 이웃을 도와주는 구제보다 앞선다 /

- 신앙 양심을 따라 주님께 바치는 일에는 아무도 비판하면 안 된다 /

7 당신은 진심으로 십자가에서 대신 죽으신 예수님을 사랑하는가? 그렇다면 그 사랑을 무엇으로 표현하고 있는가?

8 얼마 후 가룟 유다는 무엇을 하고 있었는가?(10-11절)

9 가룟 유다는 평소에 고치지 못했던 약점으로 인해 돌이킬 수 없는 잘못을 저지르게 된다. 그 약점이 무엇인지 요한복음 12장 4-6절을 가지고 설명해 보라.

삶의 열매를 거두며

예수님을 가까이 모시는 사람 가운데서도 마리아와 같은 자가 있는가 하면 가룟 유다와 같은 자가 있다. 우리에게도 언젠가 치명적인 실수나 잘못을 유발할지 모를 약점을 남겨두고 있다면 큰일이다. 따라서 우리는 두려운 마음으로 가룟 유다처럼 되지 않도록 항상 조심해야 한다. 이를 위해 우리가 구체적으로 노력해야 할 점은 무엇이라고 생각하는가?

Lesson 49

마지막 만찬을 나누시다

마가복음 14:12-31

12 무교절의 첫날 곧 유월절 양 잡는 날에 제자들이 예수께 여짜오되 우리가 어디로
가서 선생님께서 유월절 음식을 잡수시게 준비하기를 원하시나이까 하매 13 예수께
서 제자 중의 둘을 보내시며 이르시되 성내로 들어가라 그리하면 물 한 동이를 가지
고 가는 사람을 만나리니 그를 따라가서 14 어디든지 그가 들어가는 그 집 주인에게
이르되 선생님의 말씀이 내가 내 제자들과 함께 유월절 음식을 먹을 나의 객실이 어
디 있느냐 하시더라 하라 15 그리하면 자리를 펴고 준비한 큰 다락방을 보이리니 거
기서 우리를 위하여 준비하라 하시니 16 제자들이 나가 성내로 들어가서 예수께서
하시던 말씀대로 만나 유월절 음식을 준비하니라 17 저물매 그 열둘을 데리시고 가
서 18 다 앉아 먹을 때에 예수께서 이르시되 내가 진실로 너희에게 이르노니 너희 중
의 한 사람 곧 나와 함께 먹는 자가 나를 팔리라 하신대 19 그들이 근심하며 하나씩
하나씩 나는 아니지요 하고 말하기 시작하니 20 그들에게 이르시되 열둘 중의 하나
곧 나와 함께 그릇에 손을 넣는 자니라 21 인자는 자기에 대하여 기록된 대로 가거니
와 인자를 파는 그 사람에게는 화가 있으리로다 그 사람은 차라리 나지 아니하였더
라면 자기에게 좋을 뻔하였느니라 하시니라 22 그들이 먹을 때에 예수께서 떡을 가
지사 축복하시고 떼어 제자들에게 주시며 이르시되 받으라 이것은 내 몸이니라 하
시고 23 또 잔을 가지사 감사 기도 하시고 그들에게 주시니 다 이를 마시매 24 이르시

되 이것은 많은 사람을 위하여 흘리는 나의 피 곧 언약의 피니라 25 진실로 너희에게
이르노니 내가 포도나무에서 난 것을 하나님 나라에서 새 것으로 마시는 날까지 다
시 마시지 아니하리라 하시니라 26 이에 그들이 찬미하고 감람 산으로 가니라 27 예
수께서 제자들에게 이르시되 너희가 다 나를 버리리라 이는 기록된 바 내가 목자를
치리니 양들이 흩어지리라 하였음이니라 28 그러나 내가 살아난 후에 너희보다 먼저
갈릴리로 가리라 29 베드로가 여짜오되 다 버릴지라도 나는 그리하지 않겠나이다
30 예수께서 이르시되 내가 진실로 네게 이르노니 오늘 이 밤 닭이 두 번 울기 전에
네가 세 번 나를 부인하리라 31 베드로가 힘있게 말하되 내가 주와 함께 죽을지언정
주를 부인하지 않겠나이다 하고 모든 제자도 이와 같이 말하니라

마음의 문을 열며

예수님은 제자들과 함께할 마지막 유월절 만찬을 기다리고 계셨다. 제자들에게 전하실 중요한 교훈이 많았기 때문이다. 그러나 만찬을 먹을 장소는 끝까지 비밀에 붙이셨다. 자기를 찾고 있는 자들은 물론 가룟 유다마저 사전에 그 모이는 장소를 알지 못하게 하셨다. 아무런 방해를 받지 않고 제자들과 조용히 그 시간을 보내고 싶으셨던 것이다. 우리 모두 눈을 감고 제자들에게 떡을 떼어 주고 잔을 부어 주시는 주님의 모습을 묵상해 보자. 그리고 그의 입에서 떨어지는 말씀 한 마디 한 마디를 우리 마음에 담아보자.

말씀의 씨를 뿌리며

1 예수님은 유월절 만찬을 어떻게 준비하라고 지시하셨는가?(13-15절)

2 예수님은 만찬 장소를 끝까지 비밀로 하셨다. 그 이유가 무엇이라고 생각하는가?(참고 / 요 11:56-57; 눅 22:4-15)

3 가룟 유다에 대해 주님은 무엇이라고 말씀하셨는가?(20-21절)

4 가룟 유다에게는 이 순간이 자기의 잘못을 뉘우치고 회개할 수 있는 마지막 기회였다. 하지만 그는 가슴을 찌르는 주님의 날카로운 말씀을 듣고도 조금의 가책도 없이 태연히 넘기고 만다. 이 사실을 보며 당신은 어떤 생각이 드는가?

5 예수님은 떡과 잔을 가지고 무엇을 하셨는가? 그리고 왜 주님이 성만찬을 지키라고 하셨는지 그 이유를 생각해 보라(22-24절, 참고 / 고전 11:23-26).

6 당신은 성만찬을 통해 떡을 떼고 잔을 마시면서 얼마나 은혜를 받고 있는가? 그때 받은 은혜를 말해 보라. 그리고 혹시 본의 아니게 받는 어떤 시험이 있다면 솔직하게 말해 보라.

7 예수님이 떡을 떼고 잔을 나누어 주시던 그 자리에는 가룟 유다가 없었던 것이 확실하다. 그 이유는 무엇인가?(참고 / 요 13:30)

8 우리가 지키는 성만찬에는 벅찬 소망이 담겨 있다. 그 소망이 무엇인지 25절의 말씀에서 찾아보라.

9 제자들에 대해 주님은 무엇을 예언하였는가? 이때 베드로는 무엇이라고 장담했으며 주님의 답변은 무엇이었나?(27-31절)

삶의 열매를 거두며

주님은 아무도 마실 수 없는 고난의 잔을 혼자 마시지 않으면 안 되었다. 제자들이 자기를 버리고 도망할 것을 말씀하시면서 그들을 나무라거나 원망하지 않으신 이유가 바로 여기에 있었다. 그분은 끝까지 혼자 가셔야 했던 것이다. 주님이 겪으신 이런 혹독한 고독을 놓고 당신이 느끼는 것을 말하고 기도하라.

Lesson 50

겟세마네에서 기도하시다

마가복음 14:32-52

32 그들이 겟세마네라 하는 곳에 이르매 예수께서 제자들에게 이르시되 내가 기도할
동안에 너희는 여기 앉아 있으라 하시고 33 베드로와 야고보와 요한을 데리고 가실
새 심히 놀라시며 슬퍼하사 34 말씀하시되 내 마음이 심히 고민하여 죽게 되었으니
너희는 여기 머물러 깨어 있으라 하시고 35 조금 나아가사 땅에 엎드리어 될 수 있는
대로 이 때가 자기에게서 지나가기를 구하여 36 이르시되 아빠 아버지여 아버지께는
모든 것이 가능하오니 이 잔을 내게서 옮기시옵소서 그러나 나의 원대로 마시옵고
아버지의 원대로 하옵소서 하시고 37 돌아오사 제자들이 자는 것을 보시고 베드로에
게 말씀하시되 시몬아 자느냐 네가 한 시간도 깨어 있을 수 없더냐 38 시험에 들지
않게 깨어 있어 기도하라 마음에는 원이로되 육신이 약하도다 하시고 39 다시 나아
가 동일한 말씀으로 기도하시고 40 다시 오사 보신즉 그들이 자니 이는 그들의 눈이
심히 피곤함이라 그들이 예수께 무엇으로 대답할 줄을 알지 못하더라 41 세 번째 오
사 그들에게 이르시되 이제는 자고 쉬라 그만 되었다 때가 왔도다 보라 인자가 죄인
의 손에 팔리느니라 42 일어나라 함께 가자 보라 나를 파는 자가 가까이 왔느니라
43 예수께서 말씀하실 때에 곧 열둘 중의 하나인 유다가 왔는데 대제사장들과 서기
관들과 장로들에게서 파송된 무리가 검과 몽치를 가지고 그와 함께 하였더라 44 예
수를 파는 자가 이미 그들과 군호를 짜 이르되 내가 입맞추는 자가 그이니 그를 잡아

단단히 끌어 가라 하였는지라 45 이에 와서 곧 예수께 나아와 랍비여 하고 입을 맞추
니 46 그들이 예수께 손을 대어 잡거늘 47 곁에 서 있는 자 중의 한 사람이 칼을 빼어
대제사장의 종을 쳐 그 귀를 떨어뜨리니라 48 예수께서 무리에게 말씀하여 이르시되
너희가 강도를 잡는 것 같이 검과 몽치를 가지고 나를 잡으러 나왔느냐 49 내가 날마
다 너희와 함께 성전에 있으면서 가르쳤으되 너희가 나를 잡지 아니하였도다 그러
나 이는 성경을 이루려 함이니라 하시더라 50 제자들이 다 예수를 버리고 도망하니
라 51 한 청년이 벗은 몸에 베 홑이불을 두르고 예수를 따라가다가 무리에게 잡히매
52 베 홑이불을 버리고 벗은 몸으로 도망하니라

마음의 문을 열며

유월절 만찬을 통해 제자들에게 마지막 교훈과 당부를 마치신 예수님은 그들을 데리고 겟세마네 동산으로 향하셨다. 십자가를 목전에 둔 주님에게 가장 절실하고 긴박한 일은 무엇이었을까? 그것은 하나님 아버지의 뜻을 따를 수 있는 힘과 담대함을 얻기 위해 기도하는 시간을 갖는 것이었다. 이 일에 방해를 받지 않으려고 8명의 제자들을 언덕 아래에 남겨 놓고 베드로와 요한, 야고보만 데리고 은밀한 곳으로 가셨다. 우리는 예수님에게서 인간으로서 피할 수 없는 극도의 고뇌와 연약함을 발견하게 된다.

말씀의 씨를 뿌리며

1 겟세마네 동산은 평소에 주님과 어떤 관계가 있었는가?(32절, 참고 / 눅 22:39; 요 18:2)

2 세 제자를 데리고 산을 오르면서 주님은 자기의 심정을 어떻게 말씀하셨는가?(33-34절)

3 주님이 겟세마네 동산을 오르실 때 얼마나 혹독한 고통을 당하고 계셨는가는 그의 입에서 나오는 무거운 탄식을 들으면 알 수 있다. 모든 인간의 죄를 짊어지고 저주를 당하기 위해 예수님의 몸이 형틀에 달리기 전에 먼저 영혼의 죽음을 맛보셔야만 했다. 이러한 상황 속에서 기도할 곳을 찾으시는 주님을 보고 당신은 무엇을 깨달을 수 있는가?

4 동산에서 기도하실 때 주님은 어떠한 자세를 취하고 기도하셨는가? 그리고 그 자세가 의미하는 것은 무엇인가?(35절, 참고 / 마 26:39)

5 36절의 말씀을 각자 쉽게 정리하고 그 의미를 생각해 보라.

6 예수님의 기도 내용을 검토하고 그분의 기도하는 자세를 유의해 보면 하나님께 나아갈 때 우리가 반드시 기억해야 할 두 가지 원리를 발견할 수 있다. 그것은 무엇인가?

- 36절 /

- 39절 /

7 예수님의 기도 내용과 당신의 기도 내용을 한번 비교해 보라. 어떤 점에서 동일하고 어떤 점에서 다른가를 검토하고 그 결론을 말하라.

8 예수님은 기도를 시작하면서 세 제자에게 함께 기도해 줄 것을 요청하셨다. 그리고 기도하시다 두 번이나 제자들이 기도를 하고 있는지 알아보려고 찾아 오셨다. 왜 그러셨다고 생각하는가?(참고 / 마 18:19-20)

9 땅에 얼굴을 대고 혼자서 외롭게 통곡하며 기도하시는 주님의 모습을 보고 당신은 무엇을 느낄 수 있는가?(참고 / 히 5:7)

삶의 열매를 거두며

예수님이 체포당할 당시의 상황을 꼼꼼히 살펴보라. 자신만큼은 버리지 않겠다고 장담하던 베드로를 비롯하여 제자들은 다 도망가고 말았다. 제자들 틈에 끼여 있던 어떤 청년은 너무 황급한 나머지 벌거벗은 몸으로 도망하였다. 흔히들 이 청년이 본서를 기록한 마가 자신이 아니었나 추측하고 있다. 제자들의 행동을 보며 우리가 깨달아야 할 교훈은 적지 않다. 각자 느끼는 바를 한두 가지씩 이야기해 보라(참고 / 43-49절).

Lesson 51

산헤드린 공회 앞에 서시다

마가복음 14:53-72

53 그들이 예수를 끌고 대제사장에게로 가니 대제사장들과 장로들과 서기관들이 다
모이더라 54 베드로가 예수를 멀찍이 따라 대제사장의 집 뜰 안까지 들어가서 아랫
사람들과 함께 앉아 불을 쬐더라 55 대제사장들과 온 공회가 예수를 죽이려고 그를
칠 증거를 찾되 얻지 못하니 56 이는 예수를 쳐서 거짓 증언 하는 자가 많으나 그 증
언이 서로 일치하지 못함이라 57 어떤 사람들이 일어나 예수를 쳐서 거짓 증언 하여
이르되 58 우리가 그의 말을 들으니 손으로 지은 이 성전을 내가 헐고 손으로 짓지
아니한 다른 성전을 사흘 동안에 지으리라 하더라 하되 59 그 증언도 서로 일치하지
않더라 60 대제사장이 가운데 일어서서 예수에게 물어 이르되 너는 아무 대답도 없
느냐 이 사람들이 너를 치는 증거가 어떠하냐 하되 61 침묵하고 아무 대답도 아니하
시거늘 대제사장이 다시 물어 이르되 네가 찬송 받을 이의 아들 그리스도냐 62 예수
께서 이르시되 내가 그니라 인자가 권능자의 우편에 앉은 것과 하늘 구름을 타고 오
는 것을 너희가 보리라 하시니 63 대제사장이 자기 옷을 찢으며 이르되 우리가 어찌
더 증인을 요구하리요 64 그 신성 모독 하는 말을 너희가 들었도다 너희는 어떻게 생
각하느냐 하니 그들이 다 예수를 사형에 해당한 자로 정죄하고 65 어떤 사람은 그에
게 침을 뱉으며 그의 얼굴을 가리고 주먹으로 치며 이르되 선지자 노릇을 하라 하고
하인들은 손바닥으로 치더라 66 베드로는 아랫뜰에 있더니 대제사장의 여종 하나가

와서 67 베드로가 불 쬐고 있는 것을 보고 주목하여 이르되 너도 나사렛 예수와 함께
있었도다 하거늘 68 베드로가 부인하여 이르되 나는 네가 말하는 것이 무엇인지 알
지도 못하고 깨닫지도 못하겠노라 하며 앞뜰로 나갈새 69 여종이 그를 보고 곁에 서
있는 자들에게 다시 이르되 이 사람은 그 도당이라 하되 70 또 부인하더라 조금 후에
곁에 서 있는 사람들이 다시 베드로에게 말하되 너도 갈릴리 사람이니 참으로 그 도
당이니라 71 그러나 베드로가 저주하며 맹세하되 나는 너희가 말하는 이 사람을 알
지 못하노라 하니 72 닭이 곧 두 번째 울더라 이에 베드로가 예수께서 자기에게 하신
말씀 곧 닭이 두 번 울기 전에 네가 세 번 나를 부인하리라 하심이 기억되어 그 일을
생각하고 울었더라

마음의 문을 열며

겟세마네 동산에서 체포된 예수님은 처음에는 직전 대제사장이었던 안나스에게 끌려갔다. 그런 다음 안나스의 사위인 현직 대제사장 가야바에게로 압송되었다. 비록 깊은 밤중이었지만 예수님이 잡히셨다는 소식을 듣고 산헤드린 공회에 속한 지도자들이 모여 들었다. 사실 한밤중에 재판을 여는 것은 불법이었다. 처음부터 예수님은 법적으로 정당한 대우를 받지 못한 채 심문을 당하시게 되었다. 주변에는 아무도 없었다. 심지어 마당에서는 수제자였던 베드로마저 세 번이나 예수님을 부인하고 말았다.

말씀의 씨를 뿌리며

1 예수님은 대제사장의 관저로 끌려갔다. 밤중에 도적재판이 시작된 것이다. 그들이 눈에 불을 켜고 찾으려 했던 것은 무엇인가? 그리고 그 이유가 어디에 있다고 생각하는가?(55절)

2 사람들은 예수님을 정식으로 고소하기 위해 많은 증거들을 내놓았다. 그러나 한 가지도 피고를 고소할 만큼 합당한 것이 없었다. 예를 한 가지 말해 보라(56-59절).

3 많은 사람들이 거짓증거를 가지고 고소를 하는데 왜 주님은 끝까지 묵비권을 행사하셨을까? 이 점에 대해 이사야 53장 7절을 가지고 설명하고 각자 느낀 점을 나누어 보라.

4 끝내 마땅한 증거를 발견하지 못하자, 대제사장은 비열한 유도심문을 시작하였다. 그가 던진 질문은 무엇이며, 예수님은 어떻게 대답하셨는가? 그리고 예수님은 자신에게 불리한 줄 알면서도 왜 그런 대답을 하셨다고 생각하는가?(61-62절, 참고 / 눅 22:67-70)

5 예수님의 대답을 듣자마자 대제사장은 어떤 반응을 보였으며 어떤 결론을 내렸는가?(63-64절)

6 결국 예수님은 자신의 대답으로 죽음을 자초한 셈이 되었다. 사형을 받아야 할 명백한 증거도 없이 자신이 말한 한마디로 십자가를 져야 했다. 어떻게 보면 예수님은 매우 어리석은 사람처럼 비친다. 게다가 65절에서 우리는 하나님의 아들이신 예수 그리스도가 아무 이유 없이 참을 수 없는 수모를 당하는 모습을 보게 된다. 그러나 이것이 우리에게 주는 은혜는 대단히 크다. 그 은혜가 무엇인지 각자 느끼고 깨달은 대로 말해보라(참고 / 눅 22:71; 요 10:17-18).

7 겟세마네 동산에서 베드로는 다른 제자들과 함께 도망을 갔지만 곧 발길을 돌려 대제사장 뜰 안까지 미행을 하는 데 성공하였다. 그러나 그는 자기 신분이 노출되는 것을 원치 않았다. 그때 무슨 일이 일어났는가?(66-67, 69-70절)

8 베드로가 예수님을 부인하면서 세 번에 걸쳐 대답한 내용을 보면 주님을 부인하는 강도가 점점 강해지는 것을 알 수 있다. 왜 그랬다고 생각하는가?(68, 70-71절)

9 베드로가 이처럼 초라한 패배자, 배신자가 되어버린 이유를 다음 구절을 가지고 설명하라.

- 31절 /

- 38절 /

10 만일 당신이 베드로의 처지에 놓인다면 어떻게 할 것 같은가?(참고 / 눅 12:8-9)

삶의 열매를 거두며

72절을 다시 한 번 읽어보라. 닭이 우는 소리를 듣자 베드로는 어떻게 하였는가? 베드로처럼 당신도 하나님의 말씀이 생각나서 자신의 죄를 뉘우치며 통곡한 일이 있는가? 어떤 싱횡이 오더라도 흔들리지 않는 믿음을 달라고 함께 기도하는 시간을 갖자.

Lesson 52

십자가에 못 박게 하소서

마가복음 15:1-19

1 새벽에 대제사장들이 즉시 장로들과 서기관들 곧 온 공회와 더불어 의논하고 예수
를 결박하여 끌고 가서 빌라도에게 넘겨주니 2 빌라도가 묻되 네가 유대인의 왕이냐
예수께서 대답하여 이르시되 네 말이 옳도다 하시매 3 대제사장들이 여러 가지로 고
발하는지라 4 빌라도가 또 물어 이르되 아무 대답도 없느냐 그들이 얼마나 많은 것
으로 너를 고발하는가 보라 하되 5 예수께서 다시 아무 말씀으로도 대답하지 아니하
시니 빌라도가 놀랍게 여기더라 6 명절이 되면 백성들이 요구하는 대로 죄수 한 사
람을 놓아 주는 전례가 있더니 7 민란을 꾸미고 그 민란중에 살인하고 체포된 자 중
에 바라바라 하는 자가 있는지라 8 무리가 나아가서 전례대로 하여 주기를 요구한대
9 빌라도가 대답하여 이르되 너희는 내가 유대인의 왕을 너희에게 놓아 주기를 원하
느냐 하니 10 이는 그가 대제사장들이 시기로 예수를 넘겨 준 줄 앎이러라 11 그러나
대제사장들이 무리를 충동하여 도리어 바라바를 놓아 달라 하게 하니 12 빌라도가
또 대답하여 이르되 그러면 너희가 유대인의 왕이라 하는 이를 내가 어떻게 하랴
13 그들이 다시 소리 지르되 그를 십자가에 못 박게 하소서 14 빌라도가 이르되 어찜
이냐 무슨 악한 일을 하였느냐 하니 더욱 소리 지르되 십자가에 못 박게 하소서 하는
지라 15 빌라도가 무리에게 만족을 주고자 하여 바라바는 놓아 주고 예수는 채찍질
하고 십자가에 못 박히게 넘겨 주니라 16 군인들이 예수를 끌고 브라이도리온이라는

뜰 안으로 들어가서 온 군대를 모으고 17 예수에게 자색 옷을 입히고 가시관을 엮어
씌우고 18 경례하여 이르되 유대인의 왕이여 평안할지어다 하고 19 갈대로 그의 머
리를 치며 침을 뱉으며 꿇어 절하더라

마음의 문을 열며

한밤중에 불법으로 예수님을 심문하던 대제사장들은 날이 밝자 산헤드린 공회를 소집하여 예수님을 빌라도에게 넘기기로 가결하였다. 빌라도는 매우 비겁한 인물이었다. 피고에게 죄가 없다는 사실을 누구보다 잘 알면서도 유대인의 소요를 두려워하여 예수님에게 사형을 언도하였다. 이러한 순간에도 예수님은 한마디도 입을 열지 않으셨다. 주님이 죽임을 당하시는 것은 하나님의 뜻이기 때문이지 빌라도 때문이 아니었기 때문이다.

말씀의 씨를 뿌리며

1 새벽에 공회로 모인 유대 지도자들이 예수님을 빌라도에게 넘겨주기로 가결한 이유가 무엇인지 당시 유대의 정치상황을 고려하여 대답해 보라(참고 / 요 18:31, 19:12, 15).

2 빌라도가 예수님께 던진 첫 질문은 무엇인가? 그리고 주님은 어떻게 대답하셨는가?(2절)

3 빌라도의 의도와 예수님이 당당하게 대답하신 이유를 생각해 보라(참고 / 마 2:6).

4 예수님과 바라바를 놓고 군중들은 누구를 석방시켜 달라고 소리쳤는가? 그리고 이유는 무엇인가?(9-11절)

5 진짜 죄인인 바라바는 무죄 석방되고 진짜 의인인 예수는 사형을 언도받는 모순을 보고 당신은 무슨 생각을 하게 되는가? 그 바라바가 다름 아닌 바로 당신 자신이라고 생각되지 않는가?

6 여기서 우리는 군중심리가 얼마나 잘못되기 쉬운지를 볼 수 있다. 얼마 전까지 그들은 밤낮으로 예수님을 따라다니던 자들이요, 모든 이적기사를 보고 감동하며 말씀을 듣고 고개를 끄덕이던 자들이었다. 그러나 그들은 하루아침에 급변하고 말았다. 이를 보며 당신은 무엇을 느끼는가? 당신은 그들과 다르지 않다고 장담할 수 있는가?

7 10절을 보면 마음속에 도사리고 있던 시기와 질투가 어떻게 의인을 무고하게 죽이는 무서운 범죄를 유발하는지 발견할 수 있다. 흔히 시기와 같은 사소한 감정을 대수롭지 않게 여기는데, 이 점을 당신은 어떻게 생각하는가?(참고 / 욥 5:2; 잠 14:30; 행 7:9)

8 빌라도는 예수님의 무죄를 인정하면서도 공평한 판결을 하지 않았다. 왜 그랬을까?(14-15절, 참고 / 요 12:43)

9 예수님이 십자가를 지기 전 당하신 수모를 성경은 어떻게 증거하고 있는가? (16-19절)

10 로마 군인들로부터 멸시와 모욕을 당하시는 주님을 보면서 당신에게 아무 충격이 없다면 매우 부끄러운 일이 아닐 수 없다. 차마 눈 뜨고 볼 수 없는 모욕과 고통을 묵묵히 참고 계시는 주님을 보면서 당신은 어떤 느낌이 드는가? 주님을 이렇게 만든 장본인이 당신 자신임을 깨닫고 마음 깊이 회개한 일이 있었는지 말해 보라(참고 / 사 53:8).

삶의 열매를 거두며

우리는 주님이 우리를 대신하여 당하신 고난을 잊지 말아야 한다. 이 고난을 늘 마음에 담아두고 사는 자가 얻을 수 있는 은혜가 어떤 것인지 각자 말해 보라(참고 / 골 1:24).

Lesson 53

십자가에 못 박히시다

마가복음 15:20-41

20 희롱을 다 한 후 자색 옷을 벗기고 도로 그의 옷을 입히고 십자가에 못 박으려고
끌고 나가니라 21 마침 알렉산더와 루포의 아버지인 구레네 사람 시몬이 시골로부터
와서 지나가는데 그들이 그를 억지로 같이 가게 하여 예수의 십자가를 지우고 22 예
수를 끌고 골고다라 하는 곳(번역하면 해골의 곳)에 이르러 23 몰약을 탄 포도주를
주었으나 예수께서 받지 아니하시니라 24 십자가에 못 박고 그 옷을 나눌새 누가 어
느 것을 가질까 하여 제비를 뽑더라 25 때가 제삼시가 되어 십자가에 못 박으니라
26 그 위에 있는 죄패에 유대인의 왕이라 썼고 27 강도 둘을 예수와 함께 십자가에 못
박으니 하나는 그의 우편에, 하나는 좌편에 있더라 28 (없음) 29 지나가는 자들은 자
기 머리를 흔들며 예수를 모욕하여 이르되 아하 성전을 헐고 사흘에 짓는다는 자여
30 네가 너를 구원하여 십자가에서 내려오라 하고 31 그와 같이 대제사장들도 서기
관들과 함께 희롱하며 서로 말하되 그가 남은 구원하였으되 자기는 구원할 수 없도
다 32 이스라엘의 왕 그리스도가 지금 십자가에서 내려와 우리가 보고 믿게 할지어
다 하며 함께 십자가에 못 박힌 자들도 예수를 욕하더라 33 제육시가 되매 온 땅에
어둠이 임하여 제구시까지 계속하더니 34 제구시에 예수께서 크게 소리 지르시되 엘
리 엘리 라마 사박다니 하시니 이를 번역하면 나의 하나님, 나의 하나님 어찌하여 나
를 버리셨나이까 하는 뜻이라 35 곁에 섰던 자 중 어떤 이들이 듣고 이르되 보라 엘

리야를 부른다 하고 36 한 사람이 달려가서 해면에 신 포도주를 적시어 갈대에 꿰어
마시게 하고 이르되 가만 두라 엘리야가 와서 그를 내려 주나 보자 하더라 37 예수께
서 큰 소리를 지르시고 숨지시니라 38 이에 성소 휘장이 위로부터 아래까지 찢어져
둘이 되니라 39 예수를 향하여 섰던 백부장이 그렇게 숨지심을 보고 이르되 이 사람
은 진실로 하나님의 아들이었도다 하더라 40 멀리서 바라보는 여자들도 있었는데 그
중에 막달라 마리아와 또 작은 야고보와 요세의 어머니 마리아와 또 살로메가 있었
으니 41 이들은 예수께서 갈릴리에 계실 때에 따르며 섬기던 자들이요 또 이 외에 예
수와 함께 예루살렘에 올라온 여자들도 많이 있었더라

마음의 문을 열며

로마 군인들은 예수님을 로마 황제에게 반기를 들고 자신을 왕이라고 주장하다 붙들린 반역자로 다루었다. 로마 군인들은 그를 조롱하려고 황제의 예복을 상징하는 홍포를 입히고 가시면류관을 씌웠다. 조롱을 마친 다음 그들은 원래의 옷으로 갈아 입혀 예수님을 형장으로 끌고 나갔다. 그리고 더 큰 인격적인 모욕을 주기 위해 두 강도와 함께 예수님을 십자가에 못 박았다. 비록 로마 군인들은 그를 세상의 구원자요 영원한 하나님 나라의 왕으로 보지 못하였으나 주님은 자신의 죽음을 통해 자기를 믿는 모든 자에게 영원한 왕으로서 축복의 길을 열어 놓으셨던 것이다.

말씀의 씨를 뿌리며

1 예수님이 로마 군인들에게 희롱을 당한 후 골고다에 이르기까지 있었던 일들을 말해 보라(20-23절).

2 주님이 십자가에 달리기 전, 사람들이 몰약을 탄 포도주를 권한 이유가 무엇이라고 생각하는가?(참고 / 잠 31:6-7)

3 군병들이 예수님을 못 박은 다음 예수님의 옷을 제비뽑아 나누었는데 이것은 시편에서 이미 예언한 사실이었다. 당신은 예언이 말씀과 정확하게 일치하는 이 일을 놓고 성경에 대해 다시 한 번 발견하는 진리가 무엇인가?(24절, 참고 / 시 22:18; 마 24:35)

4 예수님이 못 박은 십자가 위에 붙은 죄 패의 내용과 양쪽에 강도 둘을 세운 사실을 주목해 보라. 이것은 실제로 무엇을 의미하는가?(25-27절, 참고 / 딤전 6:15-16; 요 1:29; 히 13:12)

5 지나가는 자들과 십자가 주변에 몰려 있던 사람들이 예수님을 향해 어떻게 하였는가? 만일 당신이 그 현장에 있었다면 어떻게 했을 것 같은가?(29-32절, 참고 / 고전 1:22-23)

6 마가복음에서는 예수님이 십자가에서 얼마 동안 고통을 당하셨는지를 정확하게 알려주고 있다. 다음 구절을 가지고 확인해 보라.

- 25절 /
- 33절 /
- 34절 /
- 37절 /

7 예수님이 십자가에 달려 있으면서 절규하신 34절의 말씀을 쉬운 말로 다시 정리해 보라. 그리고 왜 주님이 그렇게 외치셨는지를 말해 보라(참고 / 시 22:1 이하; 롬 8:3).

8 예수님이 우리를 대신하여 하나님으로부터 버림당한 저주의 몸이 되신 것을 보고 각자 깨달은 것이나 느낀 것이 있으면 나누어 보라. 당신은 우리를 위해 죽으신 그 은혜가 마음에 뜨겁게 전달되고 있는가?

9 예수님이 운명하시자마자 무슨 일이 일어났는가? 그 의미는 무엇이며, 이것이 우리에게 가져다 준 특권과 축복은 무엇인가?(38절, 참고 / 히 9:3-10, 10:19-20; 롬 3:23; 미 6:6-7)

삶의 열매를 거두며

찬송가 136장을 다함께 불러보자. 가사를 음미하며 각자 마음 깊이 다가온 은혜가 있다면 나눠보라. 그리고 함께 기도함으로 이 시간을 마무리하자.

Lesson 54

그가 살아나셨다

마가복음 15:42-16:13

42 이 날은 준비일 곧 안식일 전날이므로 저물었을 때에 43 아리마대 사람 요셉이 와
서 당돌히 빌라도에게 들어가 예수의 시체를 달라 하니 이 사람은 존경 받는 공회원
이요 하나님의 나라를 기다리는 자라 44 빌라도는 예수께서 벌써 죽었을까 하고 이
상히 여겨 백부장을 불러 죽은 지가 오래냐 묻고 45 백부장에게 알아 본 후에 요셉에
게 시체를 내주는지라 46 요셉이 세마포를 사서 예수를 내려다가 그것으로 싸서 바
위 속에 판 무덤에 넣어 두고 돌을 굴려 무덤 문에 놓으매 47 막달라 마리아와 요세
의 어머니 마리아가 예수 둔 곳을 보더라 16:1 안식일이 지나매 막달라 마리아와 야
고보의 어머니 마리아와 또 살로메가 가서 예수께 바르기 위하여 향품을 사다 두었
다가 2 안식 후 첫날 매우 일찍이 해 돋을 때에 그 무덤으로 가며 3 서로 말하되 누가
우리를 위하여 무덤 문에서 돌을 굴려 주리요 하더니 4 눈을 들어본즉 벌써 돌이 굴
려져 있는데 그 돌이 심히 크더라 5 무덤에 들어가서 흰 옷을 입은 한 청년이 우편에
앉은 것을 보고 놀라매 6 청년이 이르되 놀라지 말라 너희가 십자가에 못 박히신 나
사렛 예수를 찾는구나 그가 살아나셨고 여기 계시지 아니하니라 보라 그를 두었던
곳이니라 7 가서 그의 제자들과 베드로에게 이르기를 예수께서 너희보다 먼저 갈릴
리로 가시나니 전에 너희에게 말씀하신 대로 너희가 거기서 뵈오리라 하라 하는지
라 8 여자들이 몹시 놀라 떨며 나와 무덤에서 도망하고 무서워하여 아무에게 아무

말도 하지 못하더라 9 예수께서 안식 후 첫날 이른 아침에 살아나신 후 전에 일곱 귀
신을 쫓아내어 주신 막달라 마리아에게 먼저 보이시니 10 마리아가 가서 예수와 함
께 하던 사람들이 슬퍼하며 울고 있는 중에 이 일을 알리매 11 그들은 예수께서 살아
나셨다는 것과 마리아에게 보이셨다는 것을 듣고도 믿지 아니하니라 12 그 후에 그
들 중 두 사람이 걸어서 시골로 갈 때에 예수께서 다른 모양으로 그들에게 나타나시
니 13 두 사람이 가서 남은 제자들에게 알리었으되 역시 믿지 아니하니라

마음의 문을 열며

예수님이 십자가에 달리신 날은 유대인의 안식일 전날, 즉 오늘의 금요일이었다. 안식일까지 시체를 나무에 매달아 놓는 것은 그 나라의 관습이 아니었으므로(요 19:31), 해가 지기 전에 장례를 하지 않을 수 없었다. 누가 예수님의 장례를 예비할 수 있는가? 모든 사람들이 고개를 흔들며 조롱하는 사형수를 누가 앞장서서 장례할 마음이 생기겠는가? 그러나 하나님은 모든 준비를 다해 놓으셨다. 자기의 뜻을 받들기 위해 죽기까지 복종하신 예수님을 하나님은 최대의 예우를 갖추어 장례하기 위해 마음에 두셨던 사람을 준비해 놓으셨다.

말씀의 씨를 뿌리며

1 예수님이 운명하신 그날 아리마대 요셉은 무엇을 하였는가? 아리마대 요셉에 대해 아는 바가 있다면 말해 보라(43절, 참고 / 눅 23:50-51; 요 19:38; 마 27:57).

2 아리마대 요셉이 취한 행동을 마가복음에서는 '당돌하다' 는 말로 표현하고 있다. 아마 겁 없이 처신했다는 의미일 것이다. 무엇을 보고 이렇게 말할 수 있는가?(참고 / 막 14:1; 레 21:11; 요 9:22)

3 예수님의 장례가 어떻게 치러졌는지 말해 보라(46절, 참고 / 사 53:9).

4 안식 후 첫날 이른 아침에 무덤을 찾아간 여인들이 있었다. 그들은 누구인가? 그리고 이들이 무덤을 찾아간 목적은 어디에 있었는가?(16:1-4, 참고 / 마 26:12)

5 여인들은 무슨 메시지를 들었는가? 그때 여인들은 어떻게 반응하였는가?(5-8절)

6 부활하신 주님이 제일 먼저 자기를 나타내 보인 자가 누구였는가? 그리고 주님을 만나자마자 그가 제일 먼저 한 일은 무엇이었나?(9-10절)

7 얼마 후 예수님은 또 누구에게 나타나셨는가? 그리고 그들이 즉시 행동에 옮긴 일은 무엇인가?(12-13절)

8 예수님이 부활하셨다는 사실을 확인한 사람들은 모두가 다 그 기쁜 소식을 다른 사람에게 전하기에 바빴다. 당신은 어떤가?

9 예수님이 살아나셨다는 소식을 듣고도 제자들은 어떤 반응을 보였는가?(11, 13절)

삶의 열매를 거두며

당신은 예수님이 부활하신 사실을 진실로 믿고 있는가? 부활을 믿을 수 있는 이유를 본문에서 있는 대로 찾아보라. 그리고 주님이 살아나셨다는 사실을 믿고 고백할 때마다 당신이 받는 은혜가 무엇인지 각자 말해 보라.

Lesson 55

천하를 다니며 복음을 전파하라

마가복음 16:14-20

14 그 후에 열한 제자가 음식 먹을 때에 예수께서 그들에게 나타나사 그들의 믿음 없
는 것과 마음이 완악한 것을 꾸짖으시니 이는 자기가 살아난 것을 본 자들의 말을 믿
지 아니함일러라 15 또 이르시되 너희는 온 천하에 다니며 만민에게 복음을 전파하
라 16 믿고 세례를 받는 사람은 구원을 얻을 것이요 믿지 않는 사람은 정죄를 받으리
라 17 믿는 자들에게는 이런 표적이 따르리니 곧 그들이 내 이름으로 귀신을 쫓아내
며 새 방언을 말하며 18 뱀을 집어올리며 무슨 독을 마실지라도 해를 받지 아니하며
병든 사람에게 손을 얹은즉 나으리라 하시더라 19 주 예수께서 말씀을 마치신 후에
하늘로 올려지사 하나님 우편에 앉으시니라 20 제자들이 나가 두루 전파할새 주께서
함께 역사하사 그 따르는 표적으로 말씀을 확실히 증언하시니라

마음의 문을 열며

부활하신 예수 그리스도는 40일 동안 제자들에게 자신의 살아나심을 증거하셨다. 아울러 하나님 나라의 꿈을 확고하게 심어 주시며, 그들에게 하나님 나라를 세우고 확장해 나갈 것을 명령하셨다. 드디어 지상에서 해야 할 모든 일을 다 마치시고, 많은 제자들이 보는 앞에서 영광스러운 모습으로 승천하여 하나님 우편에 앉으셨다. 그리고 지금도 세상에 있는 교회를 통하여 자신의 일을 하고 계신다. 이러한 목적 때문에 성령을 보내주셨으며, 하나님 우편에 앉으신 주님은 성령 안에서 교회와 함께하시고 동시에 그를 구주로 고백하는 우리와 함께하신다. 다시 재림하시는 그날까지 예수님은 한순간도 떠나지 않고 우리와 동행하실 것이다.

말씀의 씨를 뿌리며

1 얼마 후 예수님은 누구에게 또 나타나셨는가? 그리고 그들을 무엇이라고 엄하게 꾸짖었는가?(14절, 참고 / 요 20:19-23)

2 우리는 예수님의 부활을 믿지 못하는 제자들을 이해하기가 어렵다. 그들은 예수님이 살아 계실 동안 적어도 4번 이상 부활에 대한 예언을 들었다. 그리고 빈 무덤을 목격하고 천사의 증거를 들은 여인들의 말을 제일 먼저 접한 자들이었다. 그럼에도 불구하고 끝까지 믿으려 하지 않았다. 당신은 이 사실을 어떻게 생각하는가?(8:31, 9:31, 10:34, 14:28)

3 제자들을 만나자마자 그들의 불신앙을 호되게 나무라시는 예수님을 보면서 무엇을 배우게 되는가? 이것은 하나님의 말씀을 믿지 않는 것이 얼마나 큰 불신앙인지 알 수 있게 하는 좋은 예가 될 것이다(참고 / 요 3:18).

4 당신은 어떤가? 아직도 예수님의 부활이 잘 믿어지지 않는가? 지금 당장이라도 예수님께서 꾸짖을지도 모른다는 불안은 없는가? 만일 있다면 솔직하게 자신의 심정을 털어놓고 이야기해 보자.

5 누구든지 예수님의 부활을 믿으면 그의 사상과 생활에 큰 변혁이 일어난다. 그런데 놀라운 것은 많은 사람들이 예수님이 살아나셨다고 쉽게 말은 하지만 삶에는 뚜렷한 변화가 없다는 점이다. 당신에게는 이러한 문제점이 없는가? 예수님의 부활을 믿기 때문에 생각이나 삶에 어떤 변화가 나타났는지 말해 보라.

6 부활하신 후 주님은 제자들에게 무엇을 명령하셨는가?(15절)

7 제자들이 받은 사명은 우리 모두가 받은 것이나 다름이 없다. 그 이유를 설명해 보라(참고 / 행 1:8).

8 제자들이 전하는 복음을 듣고 믿으면 어떤 축복과 표적이 따른다고 하였는가?(17-18절)

9 주님이 약속하신 표적을 잘못 이해하는 자들이 많다. 이 표적들이 믿기만 하면 아무에게나 일어나는 사건으로 보는 것은 대단히 위험하다. 심지어 어떤 신자는 '믿습니다' 하면서 일부러 독약을 마신 일까지 있었다. 물론 그는 죽었다. 주님이 약속하신 표적은 복음을 세상에 전하는 선교사역과 밀접하게 연관되어 있다는 것을 알아야 한다. 초대교회 성도들에게는 이런 표적들이 자주 일어난 것을 볼 수 있다. 그들은 생명을 내어 놓고 복음을 전하지 않으면 안 되는 위급한 상황에 있었다. 지금도 복음이 처음 전파되는 이방지역에서는 선교사들을 통해 동일한 기적들이 가끔씩 나타나는 것을 볼 수 있다. 그러나 아무 어려움 없이 예수 믿고 평범하게 생활하는 우리 같은 사람들에게 이런 표적이 꼭 따라야 할 이유는 없다. 만일 표적을 구하고 그것을 보아야 한다고 고집한다면 그것은 어떤 의미에서 유대인이 범한 죄를 다시 반복하는 행동이라고 해야 할 것이다. 이 사실을 당신은 어떻게 생각하는가?(참고 / 행 4:29-31; 고전 1:22)

10 예수님은 어떻게 승천하셨는가? 그리고 주님이 승천하신 후 제자들은 무엇을 하였는가?(19-20절, 참고 / 행 1:9-11; 요 16:7)

삶의 열매를 거두며

당신은 일상 속에서 얼마나 복음을 전하려고 노력하고 있는가? 올해 당신이 전도한 사람은 얼마나 되는지 말해 보라. 그리고 앞으로 전도하기 위해 기도하면서 품고 있는 사람이 있다면 말해 보라.